JUGOS FUENTE
de JUVENTUD
y BELLEZA

Dra. Alicia Montes

EMU

D. R. © Editores Mexicanos Unidos, S. A.
Luis González Obregón 5-B, Col. Centro,
Cuauhtémoc, 06020, D. F.
Tels. 55 21 88 70 al 74
Fax: 55 12 85 16
editmusa@prodigy.net.mx
www.editmusa.com.mx

Coordinación editorial: J. Antonio García Acevedo
Diseño de portada: Víctor Zarco Brito
Formación: J. Antonio García Acevedo

Miembro de la Cámara Nacional
de la Industria Editorial. Reg. Núm. 115.

1a edición: junio de 2005

1a reimpresión: febrero de 2007

ISBN 978-968-15-0829-6

Impreso en México
Printed in Mexico

Jugos fuente de JUVENTUD y BELLEZA

Dra. Alicia Montes

editores mexicanos unidos, s.a.

INTRODUCCIÓN

LO ESENCIAL EN LA VIDA ES LA SALUD

La salud consiste en un estado físico y mental óptimo. Cuando el ser humano vive libre de dolencias, se encuentra en la plenitud de su capacidad creadora y de trabajo y dispuesto siempre a afrontar todos los retos que se le plantean.

Muchas personas piensan que siempre serán sanas. Que la salud es un don imperecedero y que conservar su buen estado físico no requiere ningún esfuerzo ni limitación.

Esto podría resultar cierto durante algún tiempo, principalmente en la niñez y en la juventud, sin embargo los excesos que llegan a cometerse en estas épocas, con frecuencia tienen lamentables consecuencias posteriores.

Una vida desordenada, una alimentación anárquica y la carencia de un sistema que conserve la salud, suele cobrar duros intereses en los años por venir.

El organismo necesita descansar, disfrutar del aire libre, ceñirse a una dieta sana y natural y gozar de momentos tranquilos y relajantes.

Si se imponen al organismo marchas forzadas, si se incurre continuamente en excesos, sometiéndolo a desveladas, ingiriendo bebidas intoxicantes, calmantes químicos, sedantes, hipnóticos, excitantes, si se toman productos tóxicos y se fuma con exceso, sin que se practique un régimen alimenticio adecuado, resulta lógico que pronto se recientan enfermedades de todo tipo y se manifiesten los indicios de un envejecimiento prematuro.

Existe una antigua sentencia que dice:

"Dime con quién andas y te diré quién eres". Parafraseando este adagio podríamos afirmar: "Dime qué comes y te diré qué padeces". Quien afirmó. "Eres lo que comes", sabía perfectamente lo que decía...

Una dieta inadecuada, desbalanceada, con base en productos artificiales, con preservativos y aditivos químicos, con productos tóxicos e intoxicantes y exceso de grasas. dará como resultado, invariablemente, erupciones cutáneas, caída de cabello y canas prematuras, flacidez, debilidad muscular, atonía, y en muchos casos, se derivará hacia enfermedades de todo tipo.

En cambio una dieta nutritiva, rica en vitaminas, minerales, proteínas, hidratos de carbono y de todos aquellos elementos derivados o extraídos de fuentes naturales, orgánicas, como son las frutas, las verduras, las nueces de todo tipo, los granos y cereales, integrales, todos los derivados de la leche, mariscos, pescados, etc., proporcionarán los elementos indispensables no sólo para evitar las enfermedades, sino para conservar la salud y mostrar una apariencia buena y sana y para retrasar la aparición de indicios de vejez.

Las frutas y verduras crudas y frescas o sus jugos, son fuentes vivas de la naturaleza, que dan salud y juventud al organismo. Son fuentes riquísimas en vitaminas, minerales y sales orgánicas. Las frutas son purificadoras del sistema humano y las verduras crudas y sus jugos constructores y regeneradores de todas las células y tejidos del cuerpo.

Los elementos nutritivos contenidos en estas fuentes vivas de la naturaleza y en algunos otros alimentos naturales, son de vital importancia para el buen estado físico, su carencia son la causa principal de casi todas las enfermedades y dolencias habidas y por haber.

Es interesante comprobar cómo la naturaleza cuida del hombre, brindándole remedios para combatir todo tipo de enfermedades por medio de los alimentos que consume y de las hierbas medicinales, de cuyas tisanas disfrutamos. Resulta significativo que medicamentos químicos estén compuestos de substancias naturales, aunque su estado sea alterado y resulte difícil identificarlos.

Se puede llegar a la conclusión de que para disfrutar una vida mejor, basándose en una mejor salud, sólo es necesario recurrir a la maravillosa madre naturaleza.

Aunque es un hecho conocido que los alimentos cocidos y procesados mantienen la vida, sin embargo, no tienen el poder suficiente para regenerar las células que son las que suministran la energía vital a nuestros cuerpos. Y al revés, el continuo consumo de alimentos cocidos y procesados provoca la progresiva degeneración de estas células y tejidos, si además no se complementa la dieta con alimentos vivos, como las frutas y verduras en sus estados crudos y frescos, los cuales son sumamente nutritivos y rejuvenecedores.

Aparte de la buena alimentación, el estado emocional mental es muy importante para mantener el cuerpo sano. Es necesario evitar las tensiones o presiones, hostilidades, corajes, mal humor y malos pensamientos, los cuales causan alteraciones emocionales y mentales que son las fuentes psicológicas culpables del desarrollo de muchas enfermedades. Es importante mantenerse en paz, tranquilidad, en un estado emocional positivo, estable, jovial, lleno de fe y optimismo. De este modo logrará evitar que se hagan grandes trivialidades que no tienen importancia y las que provocan una disposición amargada y negativa, perjudicial para la salud.

¡El ejercicio físico también es muy necesario para mantener los tejidos del cuerpo firmes, elásticos y juveniles más tiempo. Ayuda a eliminar toxinas y desahogar emociones negativas. Activa la circulación de la sangre y conserva el cuerpo en condiciones óptimas.

El balance de la buena y equilibrada dieta, los ejercicios físicos y el estado positivo emocional mental son requisitos indispensables para que el cuerpo disfrute de una vida larga, sana, calmada y tranquila y que mantenga una apariencia juvenil libre de dolencias durante su estancia en la Tierra.

Por lo tanto, se recomienda que la aplicación de cualquier recomendación nutritiva o medicinal de las que se hacen en este estudio, se realice bajo la supervisión médica.

Es un hecho indiscutible que los alimentos puros que nos proporciona la naturaleza, siempre son benéficos, sin embargo es bueno insistir en que cada organismo funciona y reacciona de distinto modo y que por lo tanto necesita atención individual.

La información compilada, se basa exclusivamente en hechos científicamente comprobados y en una basta experiencia personal, adquirida al estudiar los valores nutricionales y curativos de un gran número de vegetales, cereales y granos.

Para concluir podemos afirmar que los alimentos puros que nos proporciona la Madre Naturaleza, son benéficos para nuestra salud, estimulan la regeneración de las células y tejidos, rejuveneciendo nuestra apariencia, evitan la vejez prematura y preservan al organismo humano de un gran número de enfermedades, permitiéndonos una vida más larga, fructífera y libre de toda dolencia y trastornos de todo tipo.

JUGO DE PEREJIL Y CHILE MORRÓN VITAL PARA UÑAS, PIEL Y CABELLO

EL JUGO DE PEREJIL

Es rico en potasio, calcio, magnesio y colina. Contiene las propiedades esenciales para mantener el funcionamiento normal de las glándulas suprarrenales y la tiroides. Ayuda a mantener en condición sana los vasos sanguíneos particularmente los capilares y las arterias. Es un nutritivo excelente para la región genito-urinaria y también es de gran asistencia para padecimientos de los riñones, la vejiga, el hígado y la espina dorsal. También ha sido un efectivo curativo en todos los malestares conectados con el sistema óptico.

Al mismo tiempo que se consume carne se debería comer unas cuantas ramitas de perejil. Esto ayuda a eliminar el exceso de ácido úrico, producido durante la digestión de la carne.

No se debe tomar el jugo de perejil solo o en cantidades excesivas, ya que es muy fuerte y concentrado, podría provocar un desorden en el sistema nervioso. Para mejor resultado tómelo combinado con el jugo de zanahoria o bien de zanahoria con apio, observando que la cantidad de jugo de perejil sea de dos o tres cucharadas soperas por vaso.

EL JUGO DE CHILE MORRÓN VERDE

Este jugo contiene una abundante provisión de silicio y fluor, lo cual es de vital importancia para las uñas, la piel y el cabello. También beneficia el canal lacrimoso y las glándulas sebáceas.

Combinado con jugo de zanahoria en proporciones de un cuarto a medio vaso de jugo de morrón ha probado ser un excelente terapéutico para solucionar ciertos problemas de la piel.

Personas que padecen de gas o viento en el tubo digestivo y las que sufren cólicos o hinchazón han encontrado alivio tomando 2 ó 3 vasos de este jugo mezclado con el de zanahoria y el de espinaca durante intervalos de 2-3 horas o media hora antes de comer y entre comidas.

Si quiere mantener una piel sana y limpia y el cabello y las uñas en buenas condiciones, se recomienda que se tome regularmente de este jugo o también se puede añadir el morrón a las ensaladas crudas de verduras tan frecuentemente como sea posible.

SI NO QUIERE QUEDAR CALVO ¡TOME EL JUGO DE PEPINO...!

EL JUGO DE PEPINO

Es reconocido como uno de los mejores diuréticos que existen (secretando y promoviendo la fluidez de la orina). Los pepinos son 95 por ciento agua y muy ricos en azufre, potasio, hierro y magnesio. También en menor grado contienen silicio y flúor.

Promueven el crecimiento del cabello y evitan su caída debido a su alto contenido de azufre y silicio, particularmente cuando se mezcla con los jugos de zanahoria, lechuga y espinaca.

La adición de jugo de pepino al de zanahoria tiene un efecto beneficioso sobre los padecimientos reumáticos, los cuales han sido causados por excesiva retención de ácido úrico en el sistema. Añadiendo un poco de jugo de betabel a esta combinación acelera el proceso.

Este jugo ayuda a regularizar condiciones de alta y baja presión. También afecciones de las encías y los dientes, el más peculiar es el caso de piorrea.

Las erupciones de la piel han sido ayudadas por este jugo y también lo quebradizo de las uñas y la caída del pelo.

Se debe usar el pepino en ensaladas muy a menudo, siempre sin pelar, ya que muchas de sus vitaminas están en la cáscara.

EL CEBOLLINO

Pertenece a la familia de la cebolla. Tiene una considerable cantidad de proteínas y de hidratos de carbono, rico en potasio, calcio, fósforo y azufre. Es estimulante para el sistema digestivo. Limpia la sangre pero provoca una fuerte acción diurética, por lo cual se debe usar en forma moderada particularmente por aquellos que sufren molestias en los riñones.

EL JUGO DE JITOMATE

Los jitomates tienen un elevado contenido de ácido cítrico, málico y oxálico. Estos ácidos son necesarios y beneficiosos en el proceso del metabolismo siempre y cuando sean orgánicos. El jugo fresco de jitomate también contiene mucho sodio, calcio, potasio, magnesio, fósforo y cloro. Este jugo tiene una fuerte reacción alcalina en el cuerpo. Pero no se debe tomar al mismo tiempo que se comen pastas y féculas, ya que esto produce fermentación y demasiada acidez en el sistema digestivo. Un vaso chico de este jugo antes de la comida prueba ser apetitoso y refrescante.

Una ensalada de jitomate con cebollino y pepino, añadiendo su aderezo favorito resultaría no solamente una combinación saludable, sino realmente sabrosa.

JUGO DE ZANAHORIA IDEAL CONTRA CÁNCER, ÚLCERAS Y ENFERMEDADES INTESTINALES

Es el jugo más completo para normalizar todo el sistema. Es la fuente más rica de vitamina A que el cuerpo puede asimilar y contiene una amplia provisión de vitaminas B, C, D, E, G y K. Es rico en sodio y potasio y contiene también calcio, magnesio, fósforo, azufre, silicio y colina.

Ayuda a estimular el apetito y la digestión. También ayuda a mejorar y mantener en buena condición los huesos y los dientes.

Es un solvente natural para condiciones ulcerosas y cancerosas. Es un resistente a las infecciones trabajando junto con las glÁndulas suprarrenales. Ayuda a prevenir las infecciones a los ganglios, el seno, los ojos, la garganta y los órganos respiratorios en géneral. También protege el sistema nervioso y ayuda a incrementar vigor y vitalidad.

Muchas veces los desórdenes intestinales y del hígado atribuyen a deficiencia de elementos que contiene el jugo de zanahoria. Si la limpieza se efectúa demasiado de prisa se encontrará insuficiente la eliminación por las vías urinarias e intestinales, y tendrá que acudir a los poros de la piel. Cuando éste es el caso, la piel se verá coloreada por un tinte amarillo o anaranjado. Esto es una indicación que el hígado se está limpiando y no es causa de alarma. La decoloración se puede retardar reduciendo la cantidad de jugo, tomando o combinando éste con otros jugos vegetales naturales.

Las glándulas endocrinas, las gónadas y las suprarrenales necesitan de los elementos nutritivos inherentes a la zanahoria. La esterilidad, frecuentemente se puede combatir con este jugo.

Este jugo ayuda a promover una piel saludable y limpia, a eliminar dermatitis, acné y toda clase de impurezas externas de la piel. Nutre al sistema óptico y ayuda en casos de conjuntivitis y otras enfermedades oculares.

Las madres en épocas de lactancia deben tomar el jugo de zanahoria en abundancia para mejorar la calidad de su leche.

El jugo de zanahoria usado en conjunto con otros jugos frescos de verduras suministran las propiedades necesarias para superar muchas otras dolencias.

Sería una práctica saludable tomar un vaso chico de jugo de zanahoria diario, para evitar toda clase de enfermedades.

¿DESEA REJUVENECER?
¡REJUVENEZCA! ¡TOME JUGO DE APIO!

Su excepcional cantidad de sodio orgánico mantendrá el calcio de su organismo en perfecta solución.

El jugo de apio contiene una excepcional alta cantidad de sodio orgánico, el cual es importante para mantener el calcio en solución. El calcio es uno de los elementos esenciales en nuestra dieta. Sin embargo, es precisamente la función del sodio orgánico el mantener en solución a este calcio indeseable hasta que pueda ser eliminado del sistema.

El sodio también juega el importante papel de mantener la fluidez de la sangre y del sistema linfático y evitar que la sangre se vuelva demasiado espesa. Además, el sodio es de gran auxilio en la eliminación del bióxido de carbono.

Al apio se le atribuye una alta cantidad de hierro y magnesio, una combinación esencial para la nutrición de las células y la sangre. El jugo de apio ha sido usado con excelentes resultados por personas que padecen de desórdenes nerviosos o de insomnio. También normaliza la temperatura del cuerpo cuando hay molestia por el ambiente demasiado caluroso.

La deficiencia de sodio orgánico puede causar afecciones bronquiales y pulmonares. Tal deficiencia es una de las causas fundamentales del envejecimiento prematuro, particularmente en las mujeres.

La combinación de jugos de zanahoria y apio proporcionan un balance de estos minerales y es una fórmula excelente para combatir a dichas enfermedades y normalizar el sistema. También evita afecciones de tipo nervioso.

Si quiere permanecer rejuvenecido y lleno de vitalidad, se recomienda que (aparte de una dieta substanciosa) se tome 1 vaso de jugo de apio solo o mezclado con el jugo de zanahoria al día.

DOS HIERBAS CHINAS PARA
REJUVENECER

El GINSENG es una raíz usada por hombres y mujeres, pero los hierberos chinos la consideran principalmente como hierba benéfica para los hombres. Su equivalente femenino es otra raíz cuyo nombre es DONG KWEI.

Como el Ginseng, el Dong Kwei se ha usado en China durante siglos. Los chinos proclaman que esta raíz tiene poderes nutritivos y regenerativos para las glándulas femeninas, revitalizando y reconstruyendo la sangre y al mismo tiempo ayudando a retardar los síntomas de vejez en las mujeres.

El Dong Kwei es una raíz cuyo color es blanco grisáceo y generalmente es de 4-8 centímetros de largo emitiendo un olor picante. Es importante guardar estas raíces en un lugar seco ya que de lo contrario se ablandan y se echan a perder.

Esta raíz hace una bebida muy potente y por lo tanto se debe tomar solamente 1-2 veces por mes. Para condiciones de anemia la hierba se puede tomar frecuentemente hasta que la sangre se vuelva normal, entonces se toma 1-2 veces al mes.

Modo de preparación: Ponga cuatro tazas de agua en un recipiente pyrex o algo similar. No se debe usar aluminio ni acero inoxidable. Añada unos pedazos de carne sin grasa de pollo crudo y una pequeña raíz de Dong Kwei o la mitad de una grande. Cuando ha soltado su hervor baje la lumbre, cocine varias horas hasta que el agua se vuelva 1 1/2 ó 2 tazas. Cuele y tome el caldo.

Los atributos del Dong Kwei se pueden aplicar al Ginseng en el caso de los hombres como ya hemos mencionado. El método de preparación de la raíz de Ginseng es igual pero se puede quitar la carne de pollo.

Aprovecharemos esta oportunidad para mencionar que los efectos estimulantes y rejuvenecedores del Ginseng y el Dong Kwei no son instantáneos sino lentos y graduales, pero a la larga muy seguros.

El polen de flores y hierbas, es un alimento excelente para promover el bienestar físico y la longevidad. Ayuda a mantener sanas y juveniles a las personas que lo usan. El polen produce un incremento de peso reforzante durante la convalecencia, aumenta rápidamente los corpúsculos rojos de niños anémicos y es efectivo en contra del estreñimiento crónico.

El polen contiene proteínas, aminoácidos, varias formas de azúcar, grasa, minerales, mucílago, grandes cantidades de complejo B y también vitaminas A, D, E y C, hormonas, antibióticos, diastasa.

El sabor del polen es un poco amargo y por tanto se aconseja tomarlo con miel. Se toma de 1-3 cucharaditas teteras diarias para la buena salud y un organismo rejuvenecido.

HIERBAS Y RECETAS PARA CONSEGUIR LA LONGEVIDAD

Aparte de prácticas saludables en su dieta incluyen hierbas que ayudan a promover la longevidad.

Se conoce el valor de las hierbas como curativas, sin embargo, no hay que olvidar el importante papel que juegan en la medicina preventiva. Como bien sabemos, las enfermedades son factores determinantes en el envejecimiento prematuro y por tanto se debe hacer lo posible para evitarlas, practicando un régimen alimenticio sano, natural e incluir las hierbas que ayudan a fortalecer el cuerpo y prevenir enfermedades.

EL PIMENTÓN

El pimentón contiene un alto porcentaje de vitamina C y potasio. Es un agente tonificador de todo el cuerpo que ayuda a sobreponerse a las enfermedades y restablecer un sistema equilibrado. Tiene el gran atributo de ser estimulante en general y del corazón en particular. Ayuda en condiciones crónicas y perezosas activando la circulación. Alivia la inflamación, también ayuda a sobreponerse a los resfriados en general y también los del estómago, ayuda a aliviar la dispepsia, espasmos, palpitaciones; bueno para expulsar lombrices, aumenta la fertilidad y retarda la senilidad. Se recomienda tomar dos cucharaditas teteras cada media hora para casos severos y de 1 a 3 gramos con agua tibia o fría varias veces al día para casos leves.

EL AJO ES UNA VERDADERA PANACEA DE LA BOTÁNICA

El ajo es un alimento de muchos atributos. Entre ellos, rejuvenecedor y promovedor de la longevidad.

El ajo fortalece al sistema y es laxante, baja la presión y sube la baja presión, cura la indigestión, desinfecta el contenido del estómago para los que les falta ácido hidroclórico en sus jugos gástricos para este fin: mata bacterias putrificadas en los intestinos grandes y neutraliza los venenos en general.

Es una maravilla como anti-infectante interna y externamente.

Se han hecho experimentos con el ajo crudo en cuanto al cáncer y tumores y se ha comprobado que el ajo crudo inhibe y elimina estos síntomas malignos. Experimentos hechos con ajo cocido no han dado resultados positivos como lo del ajo crudo.

El ajo crudo es un buen ingrediente para añadir en su dieta de todos los días. Si a usted le preocupa el mal aliento que puede causar el ajo, se recomienda comer una ramita de hierbabuena o perejil o alguna hierba semejante inmediatamente después de haber comido el ajo.

LA CEBOLLA

Pertenece a la misma familia herbal que el ajo y se ha usado durante siglos para tratar toda clase de enfermedades, desde padecimientos circulatorios, hasta el resfriado común También es buena en padecimientos pulmonares, nariz y garganta.

El ajo y la cebolla aplicados externamente como cataplasmas sanan heridas infectadas asombrosamente rápido

Se han hecho experimentos con la cebolla y se ha descubierto que la misma expide una radiación ultravioleta. Esta radiación estimula la actividad celular que produce un efecto rejuvenecedor sobre el sistema. El ajo y el Ginseng (una raíz cuyos usos son medicinales) emiten la misma radiación.

EL ACEITE DE OLIVA PURO Y VIRGEN

Es beneficioso, en su forma pura reduce el colesterol en la sangre. En algunos casos ha combatido las úlceras tan efectivamente como la crema de leche. También es valioso en la prevención de cálculos biliares. El aceite de olivo tiene un efecto laxante y especialmente útil para personas que padecen de estreñimiento crónico. Se toma de 14 a 49 gramos (aproximadamente 2 cucharadas soperas) según sea necesario.

El aceite de oliva se puede usar interna y externamente con grandes beneficios embellecedores y rejuvenecedores. Asegure que el aceite se encuentre en su forma pura inadulterada con ningún otro aceite o ingredientes.

HIGOS, NUECES Y DÁTILES PARA LOGRAR UN ORGANISMO... ¡SANO!

LOS HIGOS

Frescos son muy beneficiosos, siendo uno de los mejores laxantes naturales que existen. Contienen 80 por ciento de agua y son ricos en potasio, calcio y magnesio.

Los higos son particularmente nutritivos y beneficiosos para los niños y se deben comer en abundancia.

Una adición de higos, dátiles y nueces a cualquier ensalada de fruta le proporciona un toque sano y sabroso al paladar.

LAS NUECES

Son una fuente muy importante de proteínas y grasas concentradas. En la dieta vegetariana es costumbre comer de medio a tres cuartos de kilo de nueces a la semana para proporcionar al cuerpo las proteínas necesarias.

Las almendras cuando se mantienen en estado natural (crudas) son más alcalinas que las nueces, siendo particularmente nutritivas para los huesos y para fortalecer el esmalte de los dientes. El siguiente tipo de nuez, en el orden de valor nutritivo es la pacana y luego siguen los piñones, la nuez de nogal blanco americano, nuez de haya y las avellanas.

Las nueces que han sido sujetas a un alto calor (rostizadas o cocidas) pueden ser dañinas al hígado y la vesícula biliar, ya que se efectúa un cambio químico en la grasa del alimento.

Las nueces siempre se deben comer entre comidas o cuando el sistema digestivo se encuentra relativamente desocupado, por la sencilla razón de que es entonces cuando el cuerpo puede asimilar mejor sus elementos nutritivos. Nunca se deben de comer después de una comida pesada, porque pierden gran valor sustancioso.

LOS DÁTILES

Es una de las frutas más ricas en hidrato de carbono. El contenido de agua es bastante bajo mientras que el de hidrato de carbono en forma de azúcar natural, es aproximadamente de un 70 por ciento. Son ricos en potasio y cloro y tienen un gran efecto alcalino en el cuerpo.

El dátil es un buen suplente de los dulces y sería una buena práctica darla a comer a niños y no menos a los adultos.

DIENTE DE LEÓN Y ACEDERA, DAN AL CUERPO UNA CONTEXTURA MÁS FIRME

El diente de león o amargón es uno de los mejores tónicos que existen, es útil en neutralizar la excesiva acidez y ayudar a normalizar la alcalinidad del sistema. Contiene un alto porcentaje de potasio, sodio y calcio y es uno de los alimentos más ricos en hierro y magnesio, en vitaminas A, B, C y D.

El magnesio es esencial para dar firmeza al esqueleto y para prevenir el reblandecimiento de los huesos. Una suficiente cantidad de magnesio y calcio orgánico en la dieta durante el embarazo previene la pérdida o degeneración de los dientes de las madres y ayuda a endurecer los huesos del niño.

El magnesio orgánico en combinación con calcio, hierro y azufre es esencial para formar ciertos ingredientes de la sangre. El magnesio en esta combinación tiene grandes vitalizadores y ayuda en la construcción de células del cuerpo, principalmente los tejidos de los pulmones y el sistema nervioso.

Para que el magnesio sea eficaz se debe siempre extraerlo de una fuente vital y orgánica como son plantas, verduras y hierbas en su estado fresco y crudo. El magnesio manufacturado no proporciona ningún uso positivo para el cuerpo; al contrario, impide la función normal del cuerpo y puede ser la causa de serios problemas orgánicos en el futuro.

El jugo crudo del Diente de León obtenido de las hojas tanto como de las raíces ayudará a combatir las dolencias de la espina dorsal y los huesos en general, también dará fuerza y firmeza a los dientes y por lo tanto ayudará a prevenir piorrea y las caries.

Siendo agrio, se debe evitar tomar el jugo del Diente de León solo, sino más bien en combinación con el jugo de zanahoria.

EL JUGO DE ACEDERA O ROMAZA

Es un jugo excelente para ayudar a restablecer la función normal de los intestinos perezosos y prolapsos.

La romaza es rica en oxalato de potasio, lo cual es útil solamente en su estado natural crudo. Además del oxalato de potasio, la romaza contiene un porcentaje grande de hierro y magnesio necesario constantemente para la sangre, también fósforo, azufre y silicio que da elementos limpiadores utilizados por el sistema entero.

La combinación de estos ricos elementos hacen que este jugo sea una de las mejores maneras de nutrir todas las glándulas del cuerpo.

VEGETALES POCO USADOS, PRODUCEN GRANDES BENEFICIOS AL CUERPO

La chirivía o pastinaca, la naba, el quimbombo y el hinojo, ayudan a los pulmones, previenen la tuberculosis, la pulmonía y limpian el organismo.

LA CHIRIVÍA O PASTINACA

Esta verdura tiene un efecto activo sobre el sistema urinario y ayuda a combatir afecciones de la vejiga y las piedras en los riñones.

Su rico contenido de silicio-azufre es bueno para corregir condiciones de uñas blandas y quebradizas, los elementos de fósforo-cloro que contiene son benéficos para los pulmones y el sistema bronquial y por lo tanto es un alimento excelente para personas que padecen de tuberculosis y neumonía. Su alto porcentaje de potasio hace que esta planta sea un excepcional alimento para curar casos de enfermedades mentales (enajenación).

Se debe tener cuidado en escoger esta planta porque aunque la variedad cultivada de esta especie es benéfica, la silvestre contiene algunos venenos que van en detrimento del cuerpo humano. Se puede utilizar la planta entera de la especie cultivada.

LA NABA

Su cantidad de vitaminas B y C son muy altas y la A en menor grado. Es rica en potasio y contiene 88% de agua.

Físicamente se parece mucho a los nabos y fisiológicamente sus efectos son similares también. (Vea el artículo siguiente sobre los nabos).

EL QUIMBOMBO

Es miembro de la familia de las coles. Rico en cloro, fósforo, azufre y en menor grado en potasio. Es una planta valiosa como limpiadora del sistema pero tiende a producir gas cuando el sistema está sobrecargado de ácido.

El quimbombo se debe utilizar cuando la planta es muy joven ya que una vez vieja las fibras se vuelven muy duras.

EL HINOJO

La parte bulbosa del hinojo contiene 90% de agua y es la parte comestible de esta planta. Es un alimento alcalinizador que ayuda a disolver condiciones de mucosidad y flema y también estimular el proceso digestivo. Es un buen diurético y es rico en sodio, potasio y hierro.

EL JUGO DE NABOS Y SU RELACIÓN CON LAS HEMORROIDES

Las hojas del nabo contienen un porcentaje de calcio mayor a cualquier otra verdura. Por lo tanto, es un excelente alimento para los niños y personas que padecen de ablandamiento de los huesos; incluyendo los dientes.

Combinando los jugos de zanahoria, hojas de nabo y dientes de león, da como resultado uno de los más efectivos métodos para ayudar a endurecer los dientes y los huesos en general.

Las hojas de los nabos contienen mucho sodio y hierro, también un elevado porcentaje de potasio, lo cual hace que este jugo sea un fuerte alcalinizador del sistema, particularmente cuando se combina con los jugos de zanahoria y apio.

La acumulación de calcio inorgánico en el recto es el factor principal que desarrolla las hemorroides. Para eliminar esta condición primero se debe eliminar su causa (la alimentación desvitalizada e inorgánica) y luego seguir un régimen alimenticio que consiste en el empleo de muchas verduras, frutas y nueces en su estado crudo y fresco; también es indispensable tomar 1/2 a 3/4 de litro de la combinación de jugos de espinaca, zanahoria, hojas de nabo y berros. Si se sigue esta dieta recomendada cuidadosamente, puede tener la seguridad de que verá los resultados positivos en un tiempo relativamente corto.

EL JUGO DE RÁBANO REGENERA LAS MEMBRANAS MUCOSAS DEL ORGANISMO

SALSA DE RÁBANO PICANTE

Contiene 75 por ciento de agua y una cantidad considerable de potasio y de azufre. El alto contexto de aceites de mostaza que se encuentran en la raíz del rábano picante produce un penetrante efecto de éter que promueve la solvencia de la mucosidad o flema en el sistema, particularmente en los senos.

Para disolver condiciones de excesiva mucosidad en todo el cuerpo, se puede tomar media cucharadita de la raíz triturada del rábano picante dos veces al día entre comidas, sin peligro de daño a la membrana mucosa. A esto se le puede agregar el jugo de dos limones pero NUNCA se debe añadir vinagre, ya que el vinagre es muy dañino a las membranas delicadas del sistema digestivo (también acuérdese de esto, cuando va añadir vinagre a sus ensaladas, siempre es mejor utilizar el jugo de limón). No se debe utilizar cantidades más grandes que media cucharadita de esta combinación a la vez, porque aunque tiende a estimular el apetito y ayuda a secretar los jugos digestivos, irrita los riñones y la vesícula biliar si se toma en demasía.

Tomar la preparación del rábano picante generalmente es causa de que lloren mucho los ojos. Esta es una reacción normal que indica la presencia de excesiva mucosidad.

La práctica anteriormente indicada se debe ejercer durante el tiempo necesario (de unas semanas a unos meses), hasta que no se efectúe ninguna reacción al comer el rábano picante. Esto indicará que la mucosidad se ha disuelto por completo.

Acuérdese que aparte del jugo de limón no se debe añadir nada a la preparación del rábano picante y tampoco se puede beber nada, segundos después de haberlo tomado.

EL RÁBANO

El jugo se extrae de hojas y raíces. Es rico en potasio, sodio, calcio, con un alto porcentaje de cloro; también contiene fósforo y azufre en abundancia. La especie grande es particularmente rica en silicio.

El jugo de rábano no se debe tomar solo porque provoca una fuerte reacción en el sistema. En cambio, añadiendo este jugo (en proporciones pequeñas) al jugo de zanahoria da como resultado una gran ayuda pues esta combinación es magnífica para restaurar la tonalidad de las membranas mucosas del cuerpo.

Tomar esta combinación de jugos sirve para mitigar y sanar las membranas mucosas y para eliminar del cuerpo la mucosidad que el rábano picante haya aflojado y disuelto. Al mismo tiempo ayuda a regenerar las membranas mucosas a su estado normal. El efecto positivo de sanar que tiene el rábano sobre las membranas mucosas se atribuye al alto contenido de magnesio y hierro que constituyen su contenido químico.

Los rábanos también contienen enzimas valiosas en la secreción de jugos digestivos y su acción diurética hace que sea un limpiador importante de los riñones y la vesícula biliar.

Se recomienda incluir los rábanos como un elemento acostumbrado y frecuentemente usado en su mesa.

ALGAS MARINAS, COLIFLOR, CHÍCHARO Y CALABAZA CONTRA BOCIO Y OTROS MALESTARES

Mezclando algas marinas (en polvo) con jugo de zanahoria, apio y perejil se obtiene la más rica combinación de potasio posible.

LAS ALGAS MARINAS

Las algas marinas constituyen una de las más ricas fuentes de yodo orgánico que existe.

En general, las algas marinas se toman en forma de polvo ya que es muy difícil conseguirlas en su forma natural. Nunca se debe tomar más de un cuarto de cucharadita de este polvo al día, porque es de muy alta potencia y se asimila solamente en pequeñas cantidades.

Es recomendable tomar las algas marinas mezcladas en un vaso grande de verduras. Esto permite que las algas, en forma de polvo, vuelvan a recuperar el agua que han perdido en el proceso de deshidratación.

Mezclando los jugos de zanahoria, apio, perejil y espinaca se obtiene la más rica combinación de potasio posible. Si a esto se le añaden las algas marinas en polvo y mezclándolas bien en el jugo, se logrará un tónico que ha ayudado efectivamente a combatir enfermedades de la tiroides como en los casos de Bocio, debido a que es asimilado casi inmediatamente por la sangre.

LA COLIFLOR

Es rica en potasio, fósforo y azufre y tiene un alto porcentaje de proteína; además es muy sabrosa cruda añadiéndola en pequeñas cantidades a las ensaladas de verduras crudas.

La coliflor pertenece a la familia de las coles e igual que los demás miembros de su familia tiende a irritar los riñones si se comen en demasía. En prueba es muy nutritiva.

LOS CHÍCHAROS

Son ricos en potasio y magnesio, contienen 75 por ciento de agua. Desde luego, los chícharos como todas las demás verduras son más nutritivos en su estado crudo que cocido.

LAS CALABAZAS (TIPO HALLOWEEN)

Contienen el 30 por ciento de agua y un porcentaje muy bajo de hidratos de carbono. Son ricas en sodio, potasio, magnesio, hierro, cloro y fósforo.

Este tipo de calabazas tienen un efecto laxante al sistema y sus propiedades diuréticas no irritan a los riñones

Un modo muy sabroso de usar este tipo de calabaza (cuando está madura) es rallarla finamente y añadir zanahoria y betabel rallado. Esta combinación constituye una sabrosa y nutritiva ensalada.

Cuando se cocina, aparte de perder mucho de su valor alimenticio, pierde su agua orgánica tan valiosa y además se convierte en almidón carente de propiedades nutritivas.

LAS CALABACITAS TIPO ZUCCINI

Son miembros de la misma familia de las calabazas anteriormente mencionadas y ambas son componentes de la familia de los melones.

En realidad todos los atributos de la calabaza ya mencionada, son aplicables a éstas.

EL PLÁTANO, LA PIÑA, EL AGUACATE, LA PERA Y LA GRANADA

EL PLÁTANO

Debe comerse solamente en su estado maduro. En este estado contiene más del 75 por ciento de agua mientras que su contenido de hidratos de carbono es de 22 por ciento. Son ricos en potasio, sodio y magnesio.

LA PIÑA

Contiene casi 90 por ciento de agua y es rica en potasio, calcio y sodio. Debido a la cantidad relativamente alta de cloro y azufre en la piña es buena para la limpieza interna del cuerpo.

La piña contiene una cantidad bastante alta de ácidos: cítrico, málico y tartárico, los cuales ayudan en la digestión y tienen un efecto diurético cuando la piña se encuentra en su estado natural orgánico.

La piña es un elemento excelente en la limpieza y desinfección del estómago y los intestinos.

EL AGUACATE

Contiene más del 70 por ciento de agua y es una de las mejores fuentes que suministran grasa al cuerpo.

Se debe comer el aguacate solamente cuando es maduro y se recomienda comerlo tan frecuentemente como sea posible.

También se puede usar como base para un aderezo de ensaladas o frutas.

Al contrario de lo que piensan muchas personas, el aguacate, igual que el jitomate y la oliva, no es un vegetal sino una fruta.

LA OLIVA

Es muy rica en grasa, más de 50 por ciento de grasa comparando con su contenido de 40 por ciento de agua.

La oliva es excepcionalmente rica en potasio y proporciona un lubricante muy importante al cuerpo.

LAS PERAS

Son muy ricas en elementos alcalinos. Tienen una fuerte acción diurética y son valiosos para la limpieza del sistema en general.

Cuando se cocinan o se enlata pierden su valor nutritivo porque se convierten en elementos inorgánicos.

LA GRANADA

Es excepcionalmente rica en sodio y también en vitaminas B y C y en menor grado en vitamina A.

Las partes comestibles de la granada tienen un efecto refrescante en el sistema y también sirven para su limpieza en general y de la sangre en particular.

INFUSIONES PARA COMBATIR LOS DOLORES DE LA CIÁTICA

En primer lugar tiene dolores en el nervio ciático de la pierna izquierda: huesos porosos y deterioramiento de los huesos en general. Aparte de estas dolencias padece de colitis crónica.

El dolor ciático puede ser causado por ciertas drogas (como el mercurio, el plomo, etc.), por presión ejercida sobre el nervio ciático por toxinas de determinados microbios o por residuos acumulados durante años, consecuencia de una alimentación a base de productos cocidos, procesados o enlatados, exceso de carne roja que a su vez produce ácido úrico.

Para calmar el dolor de ciática se recomienda tomar las siguientes infusiones que también sirven para la neuralgia en general (el dolor ciático es un dolor neurálgico o nervioso):

1. MILENRAMA 25 gramos. Corazoncillo 20 gramos. Pensamiento silvestre 10 gramos. Menta 10 gramos. Hojas de abedul 25 gramos. Flor de sauco 10 gramos. Diente de león 20 gramos. Mezcle los ingredientes bien. Una cucharada pequeña de la mezcla por cada taza de infusión. Dos tazas al día.

2. VERÓNICA, PAULINIA, FLOR DE SAUCO, HOJAS DE MELISA, FLORES DE TILA, AMAPOLAS. Se mezclan en partes iguales. Una cucharada sopera por cada taza de infusión. Dos tazas al día.

Aparte de estas infusiones se recomienda tomar baños locales de vapor frecuentemente.

Si existe exceso de ácido úrico en el sistema se recomienda suspender o eliminar por completo el consumo de la carne por algún tiempo substituyendo su uso por pescado, 3-4 veces por semana. La carne roja se puede volver a comer después de un período de 3-4 meses en cantidades moderadas no más de 3 veces por semana. Sin embargo, sería mejor dejar la carne por completo para asegurar un estado de salud superior.

Es aconsejable tomar el jugo de zanahoria y perejil 2 veces al día limitando la cantidad de jugo de perejil a 2-3 cucharadas soperas por vaso. También se deben incluir ramas de perejil cada vez que se come carne. Esto ayuda a eliminar el ácido úrico del sistema.

JUGO DE ESPÁRRAGO PARA PADECIMIENTOS DE LOS RIÑONES Y MALESTARES GLANDULARES

EL JUGO DE ESPÁRRAGO

Tiene un alto contenido de un alcaloide llamado asparragina y está compuesto de los elementos de carbono, hidrógeno, nitrógeno y oxígeno.

Es beneficioso en los casos de problemas de los riñones y en general, en la regulación de malestares glandulares. También para padecimientos de diabetes y anemia. Ha sido usado como diurético pero siempre mezclado con el jugo de zanahoria porque puede resultar irritante para los riñones si es tomado solo ya que es bastante fuerte.

Este jugo ayuda a disolver los cristales de ácido oxálico en los riñones y por todo el sistema muscular y por lo tanto es bueno para el reumatismo, la neuritis, etc. El reumatismo es causado por la generación excesiva de úrea que por lo general resulta por la digestión de la carne.

El uso continuo y excesivo de proteínas de carne sobrecarga el funcionamiento de los riñones y los otros órganos eliminatorios hasta el punto en que la eliminación del ácido úrico es cada vez más pequeña y la absorción de lo mismo por los músculos es cada vez mayor. El resultado entre otras cosas es el reumatismo.

Esta condición es también una de las causas ocultas detrás de problemas de la glándula próstata en cuyo caso este jugo en combinación con el de zanahoria, betabel y pepino ha sido muy beneficioso.

Hay que tener en cuenta que los espárragos cocidos o de lata pierden el valor del alcaloide, el oxígeno, hidrógeno y las sales naturales que se encuentran en su estado crudo.

EL BRÓCOLI

Es un alimento rico en potasio, fósforo y azufre. Contiene aproximadamente 90% de agua con un bajo total de hidrato de carbono y grasa. Siendo un buen limpiador del sistema, tiende a ayudar en reducir el peso excesivo. Contiene también un elevado porcentaje de vitamina A.

Se puede usar crudo en ensaladas en cuyo caso su valor nutritivo queda intacto. O se puede cocinar casi en vapor y que quede no totalmente suave para que no se pierdan todas sus propiedades nutritivas.

HIERBAS MEDICINALES Y SUS BENEFICIOS PARA LA DIGESTIÓN

LAS CAUSAS MÁS COMUNES DE LA INDIGESTIÓN

Entre las causas comunes de la indigestión se encuentran: comer demasiado rápido, la combinación incorrecta de alimentos, tragar pedazos demasiado grandes de comida sin masticarlos debidamente primero, beber alcohol, beber mucho líquido durante una comida, comer en exceso, inquietudes y problemas emocionales y mentales. Los síntomas de indigestión son cardialgía, repeticiones ácidas, lengua sucia; pesadez en el estómago después de comer, mal sabor en la boca, náusea, a veces dificultades en respirar y palpitación.

Viendo la siguiente lista de yerbas que mejoran la digestión, uno se encuentra que son culinarias. La mayoría de la gente piensa que las yerbas culinarias se utilizan solamente por el sabor que proporciona como condimento, no dándose cuenta que originalmente fueron usadas para propósitos terapéuticos

El procedimiento para preparar las siguientes hierbas medicinales es muy fácil. Las hojas se hierven igual que cualquier te acostumbrado. Si el te se hace a base de semillas o raíces la única diferencia es que hay que hervir las semillas o raíces un poco más de tiempo (10-15 minutos).

LA ANGÉLICA

Es una planta umbelisera, ramosa, de flores color blanco rojizo, que tiene una aplicación en la farmacéutica.

Esta planta ha sido utilizada como condimento favorito y remedio para la indigestión desde los tiempos más remotos.

La Angélica tiene un efecto aliviador sobre la indigestión, los intestinos irritados, la pérdida de apetito y los calambres estomacales. Las semillas y la raíz alivian los dolores gástricos.

EL ANÍS

Es de origen oriental pero hoy día se cultiva en muchas partes del mundo. Los romanos y griegos lo usaban como sazonador, en salsas, como condimento y para hacer vinos (usos idénticos a los actuales). Las semillas se masticaban para endulzar el aliento y estimular el apetito (una buena práctica todavía). Los romanos servían el pastel de bodas con fuerte sabor de anís para ayudar a prevenir una posible indigestión causada por comer en exceso durante el banquete.

Hoy en día el anís todavía se considera un buen medicamento para prevenir gas y fermentación en el estómago e intestinos.

Las partes que se usan del anís son las semillas y las hojas.

EL HINOJO

"Amigo del estómago" ha sido usado desde hace mucho tiempo como yerba culinaria y medicinal. Tiene un efecto confortable sobre la membrana mucosa gástrica, y es muy efectivo para personas que sufren de eruction o repetición excesiva y flatulencia; también ayuda a combatir los dolores y molestias estomacales y cólicos o efectos negativos posteriores a usar laxantes o purgantes.

El te se hace usando 2 cucharadas de semillas de hinojo para media taza de agua hervida. Se hierve un minuto y se toma (sin semillas) tibio. Las hojas del hinojo se pueden usar también.

LA YERBABUENA

Tiende a aliviar gas en el estómago, flatulencia y molestias que causan ambos, es confortable al estómago y agradable al sistema.

Se recomienda suspender el uso del café ya que es irritante al intestino, al hígado, la vesícula biliar y los riñones y sustituir su uso por el de tes naturales de yerbas como la yerbabuena.

EL JUGO DE ESPINACA ES UN MAGNÍFICO REVITALIZADOR DEL SISTEMA DIGESTIVO

Es particularmente rico en hierro, sodio, potasio, calcio y magnesio. El jugo fresco de la espinaca es uno de los más nutritivos alimentos para todo el sistema digestivo y los órganos de eliminación. Es uno de los mejores ingredientes para limpiar, reconstruir y regenerar el tracto intestinal.

El jugo de espinaca sigue un camino natural para nutrir a las células y los tejidos, tanto como a los nervios y músculos para, eventualmente, restablecer el tono normal y el funcionamiento sano de los intestinos. Ya que la espinaca trabaja de una manera natural para reparar el deterioro más esencial, los resultados podrán no notarse hasta uno o dos meses después de tomar el jugo diario.

Otra importante característica del jugo es su efecto sobre los dientes y las encías en la prevención de la piorrea. Esta enfermedad es una forma ligera de escorbuto causada por una deficiencia de elementos encontrados particularmente en la combinación de jugos de espinaca con zanahoria. Esta combinación es también benéfica para las siguientes enfermedades: anemia perniciosa, convulsiones, degeneración de varios nervios, neuritis, artritis, abscesos, hinchazón de los miembros, deficiencia en secreción suprarrenal y de los tiroides, dolores de cabeza, incluyendo migraña, alta y baja presión. Se recomienda medio litro de estos jugos diario para evitar o ayudar a aliviar estas condiciones.

La espinaca se puede usar cruda en ensalada añadiéndole piñones y hongos y un aderezo tipo vinagreta, lo cual da como resultado una deliciosa ensalada.

Se debe evitar cocinar la espinaca, porque el ácido oxálico que contiene se vuelve inorgánico y en este estado puede causar la formación de cristales de ácido oxálico en los riñones.

LA COL, EXCELENTE CONTRA ÚLCERA DUODENAL Y MALAS DIGESTIONES

EL JUGO DE COL

Las úlceras duodenales han respondido casi milagrosamente al tomar el jugo de col. La única desventaja sería la generación de exceso de gas en el tracto intestinal. Este gas es el resultado que el jugo de col está desalojando los desperdicios putrificados de los intestinos y por lo tanto es una reacción natural. Sin embargo, cuando se genera una excesiva dosis de gas u otras molestias después de haber tomado el jugo de col, esto puede indicar que existe una condición anormal en el tracto intestinal. Si este es el caso, es recomendable descontinuar su uso antes de haberlo tomado en cantidades abundantes y seguir un programa de limpieza de los intestinos tomando el jugo de zanahoria y espinaca diariamente 2 ó 3 semanas y también empleando baños de asiento cuando sea necesario. Una vez limpios los intestinos, se puede resumir el uso del jugo de col.

Este jugo tiene grandes propiedades para limpiar el sistema, ayudar a reducir el peso excesivo y eliminar el estreñimiento.

Las más valuables propiedades de la col son: Su alto contenido de azufre, yodo y cloro, aunque también se encuentra presente calcio, potasio y hierro. Su contenido de agua es de 90%.

La combinación de azufre y cloro que se encuentran en la col provoca la limpieza intensiva de la membrana mucosa del tracto del estómago y los intestinos.

Cuando se añade el jugo de col al de zanahoria, forma una fuente excelente de vitamina C y ayuda a combatir las infecciones de las encías que pueden causar piorrea.

El jugo de la col ha sido efectivo en aliviar el estreñimiento y como el estreñimiento es el factor principal de las erupciones en la piel, éstas han sido eliminadas con el uso de este jugo.

Es importante utilizar la col en su estado crudo ya que una vez cocinado o de lata pierde todo su valor nutritivo.

Se puede hacer una sabrosa ensalada de col, rayando la col finamente añadiendo manzanas, nueces, apio, pasas y piña y usando mayonesa como la base de un aderezo adecuado.

LAS FRUTAS CÍTRICAS, ELIMINAN MALESTARES DE NUESTRO ORGANISMO

LOS LIMONES

Son ricos en ácido cítrico y aunque su sabor es ácido, sin embargo, produce una reacción alcalina al sistema... si no se le añade azúcar.

El jugo de limón disuelto en un vaso chico de agua fría en ayunas tiene un efecto laxante en el sistema; y tomar el jugo de uno a uno y medio limones disuelto en agua caliente en ayunas, limpia el hígado, los riñones y la vejiga.

LAS NARANJAS

Contienen un 87 por ciento de agua y son ricas en potasio, calcio, magnesio, silicio, vitaminas A, B y C.

Los ácidos cítricos y sales de ácidos frutales hacen que la naranja sea una de las más valiosas de las frutas. Pocas fuentes tienen un efecto alcalino tan rápido sobre un sistema demasiado ácido.

Esta fruta y su jugo es de las mejores cuando uno guarda vigilia.

Desde la niñez hasta la vejez, la naranja es una buena y sana adición a cualquier dieta.

Las naranjas deben usarse antes de 15 minutos que han sido abiertas porque se oxidan rápidamente. Nunca se debe añadir azúcar a la fruta, pero si usted quiere endulzarla puede utilizar la miel de abeja en su estado crudo sin que cause ninguna reacción adversa.

LAS LIMAS

Es una cruza ente naranjas y limones y contienen las cualidades de ambos. En estado verde, se les usa en vez de limón y cuando ya están maduros se comen como naranjas. Son más beneficiosas cuando están maduras.

LA TORONJA

Es una de las mejores frutas para ayudar a remover o disolver los depósitos de calcio inorgánico en el sistema como en el caso de artritis en donde se ha consumido una excesiva cantidad de harina blanca desvitalizada. La toronja fresca contiene ácido salicílico, el cual ayuda en la disolución de este calcio inorgánico en el sistema.

La toronja también es rica en otros ácidos, azúcar, potasio y otros elementos alcalinos.

Siempre se debe comer la toronja fresca y sin agregar azúcar, porque ésta causa una fermentación del mismo en el sistema. Lo cual a su vez causa una reacción ácida en vez de alcalina al sistema. Las toronjas enlatadas o preservadas de alguna forma, no proporcionan absolutamente ningún valor nutritivo.

ZANAHORIA, BETABEL Y PEPINO PARA VESÍCULA, HÍGADO, RIÑONES Y PRÓSTATA

LA COMBINACIÓN DE ZANAHORIA, BETABEL Y PEPINO

Esta combinación de jugos proporciona uno de los mejores tratamientos para la limpieza y la salud de la vesícula biliar, el hígado, los riñones, la próstata y otras glándulas sexuales.

Los cálculos biliares, las piedras en los riñones y las impurezas en la vesícula biliar, son los resultados naturales de la ineptitud del cuerpo de eliminar el calcio inorgánico que se ha acumulado en el sistema.

Para disolver los depósitos inorgánicos de calcio en los riñones o la vesícula biliar, se ha practicado con resultado extraordinario, el siguiente proceso: tomar un vaso de la combinación de jugos de zanahoria, betabel y pepino tres veces al día y además el jugo de un limón exprimido en un vaso de agua caliente (sin endulzar) tomado cuantas veces al día sea posible. Sin embargo, es aconsejable seguir esta práctica lentamente o preparar el cuerpo para que se acostumbre gradualmente incrementando las cantidades ingeridas hasta que el cuerpo pueda acostumbrarse a tolerar las molestias que podría causar este tratamiento. Siempre la disolución de piedras en los riñones o tumores en general es algo doloroso y ciertamente delicado, así que es necesario tener paciencia, moderación y calma para poder lograr los resultados deseados.

Para mejores resultados en un programa donde se trata de conseguir la óptima función de un cuerpo sano es: Eliminar el uso de almidón (harina blanca, pan blanco, etc.) y azúcar blanco y también moderar o eliminar completamente la carne roja en la dieta por algún tiempo y seguir un régimen de jugos y ensaladas de verduras y frutas frescas, crudas, suplementando la proteína con nueces de todos tipos. También es permisible si uno desea, el pan negro y arroz integral. Este régimen permite que el cuerpo descanse y pueda eliminar más fácilmente las toxinas y materia nociva que ha acumulado. Después de un tiempo razonable se puede reanudar el uso de la carne en la dieta pero en cantidades moderadas (2 veces a la semana) y conservar el régimen de frutas y verduras frescas y sus jugos. Esto es si uno quiere conservarse en una condición física óptima y con garantía de salud por muchos años.

ZANAHORIA, PEPINO Y BETABEL PARA COMBATIR LA COLITIS

La colitis resulta ser la inflamación del colon debido a un estreñimiento habitual y también a causa de nerviosismo mental y físico, lo cual afecta negativamente el proceso digestivo. También se atribuye al consumo excesivo de productos cocidos, inorgánicos y adulterados, las bebidas alcohólicas y masticación insuficiente.

Los alimentos cocidos, propagadores de este mal tienen el efecto de agravar la colitis. En cambio una dieta compuesta de verduras y frutas crudas y frescas finamente rayadas ha hecho maravillas para restablecer la normalidad del colon. En el proceso de cambio de una dieta a la recomendada se puede tomar jocoque *(buttermilk)* frío en proporciones pequeñas para aliviar la inflamación del colon.

Aparte de esta dieta es de suma importancia incluir los siguientes jugos hechos a base de verduras crudas y frescas:

33

1. Medio litro de la combinación de zanahoria, pepino y betabel, Zanahoria un poco más de la mitad de medio litro. El resto se completa con pepino y betabel en proporciones iguales.

2. Medio litro de jugo de zanahoria solo.

3. Medio litro de la combinación zanahoria-espinaca. Las proporciones a tomar son: zanahoria 5/8 partes y espinacas 3/8 partes.

Estos jugos se deben tomar a diario, para normalizar el intestino y eliminar la inflamación.

También se recomienda ayunar de 24 a 48 horas cada mes hasta que se haya aliviado por completo. Durante este período de ayunar se debe tomar baños de asiento calientes (enemas) 4 veces al día. También tomar una de las siguientes combinaciones de hierbas medicinales especiales para depurar el sistema.

Se toman 6 tazas de las tisanas al día.

a) Semillas de lino 30 gramos, raíz de Angélica 10 gramos, semillas de anís 10 gramos, prepararse en forma de cocimiento a razón de dos cucharaditas de la mezcla por cada taza de te.

b) Enula, campana, menta, anís, milenrama. Se mezclan los ingredientes en partes iguales. Una cucharada sopera de mezcla para cada taza de infusión.

c) Orégano, menta, manzanilla, tormentilla, anís, bistorta. Se le mezclan los ingredientes en partes iguales. Una cucharada sopera de la mezcla por taza de te.

Es aconsejable guardar cama y preparar los baños de asiento lavativos a base de las siguientes hierbas. Desde luego se utiliza solamente el agua de las hierbas, las hierbas se tiran.

1. Manzanilla 10 gramos, semilla de lino 20 gramos, hojas de malva 15 gramos, tomillo 20 gramos. Esta combinación es para una lavativa de medio litro.

Si aparece sangre en las deposiciones, se debe preparar la siguiente infusión.

a) Bistorta 10 gramos, sanguinaria 15 gramos, una cucharada sopera por taza.

Si los dolores de vientre son muy fuertes se deben aplicar compresas muy calientes (todo lo que aguante) sobre el abdomen o una almohada eléctrica.

Para romper el ayuno se puede tomar yougurt, caldo vegetal, arroz integral hervido, puré de manzanas. Poco a poco se pueden incluir las frutas y verduras crudas finamente ralladas, huevos pasados por agua y comida muy ligera sin grasa alguna. Se aconseja eliminar la carne por completo un periodo largo. Se puede volver a consumir en cantidades muy pequeñas 2-3 veces por semana si es absolutamente necesario. Un régimen vegetariano es mucho más saludable. Elimine también los productos de harina blanca y azúcar blanca usando en su lugar miel virgen de abeja, elimine productos enlatados y consumo excesivo de alimentos cocidos, aunque se pueden incluir algunas verduras hechas en baño María para acompañar las ensaladas crudas.

Para el reumatismo se recomienda una dieta que contiene elementos purificadores y alimentos sumamente nutritivos.

Para purificar la sangre y el sistema en general se recomienda las siguientes tisanas a base de hierbas medicinales:

1. Trébol de agua, ortiga, abedul, manzanilla, caléndula. Se mezclan en partes iguales. Se utiliza una cucharada sopera para una taza de te. Se toma una taza de este te al día.

2. Amapolas, 10 gramos; anís verde, 15 gramos; milenrama, 15 gramos; corteza de frángula, 10 gramos; pensamiento, 15 gramos; abedul, 10 gramos. Mezcle bien los ingredientes. Se usa 2 cucharadas pequeñas para una taza de te. Se toma una taza al día.

Para calmar el dolor que puede causar el reumatismo se recomienda las siguientes tisanas.

a) Cálamo aromático, brezo, lampazo, tomillo, amapola, achicoria. Se mezclan las hierbas en partes iguales. Una cucharada sopera de la mezcla por cada taza de te. Una taza al día.

b) Abedul, 15 gramos; pensamiento, 10 gramos; milenrama, 15 gramos; diente de león, 10 gramos; corteza de frángula, 10 gramo; corazoncillos, 10 gramos; manzanilla, 15 gramos. Mezcle bien los ingredientes. Dos cucharadas pequeñas para una taza de te. Una taza al día.

Para purificar y nutrir el sistema, los siguientes jugos de verduras han probado ser de gran beneficio. Estos jugos se derivan de verduras crudas y frescas.

A). Medio litro de la combinación de jugos de zanahoria, betabel y pepino. El jugo de zanahoria constituye las 5/8 partes de medio litro. El resto se acompleta con el jugo de betabel y pepino en cantidades iguales.

B). Medio litro de la combinación zanahoria-espinaca 5/8 partes. Espinaca 3/8 partes.

C). El jugo de 3 limones tomados solos sin añadirles ninguna cosa. Esto se toma 1 vez al día.

Los dos jugos de verduras se toman todos los días.

Para mejorar la calidad de los huesos y eliminar que se inflame se recomienda que se incluyan los siguientes alimentos en la dieta: El germen de trigo crudo (sin tostar), levadura de cerveza, suficientes proteínas (se pueden obtener algunas proteínas por medio de polvo de proteínas o polvo de soya). Éstos se pueden conseguir en una tienda de productos naturistas o algún restaurante vegetariano. Para incluir fácilmente estos productos en su dieta, le sugiero que haga un licuado usando leche, frutas al gusto, 2 cucharadas de germen de trigo, media cucharadita pequeña de levadura de cerveza y de 1/2 cucharadita sopera de polvo de proteínas, 2 yemas crudas de huevo (preferiblemente ranchero) y miel virgen de abeja para endulzar. Este licuado es excelente para el desayuno y proporciona los ingredientes necesarios para mejorar el estado de salud en general. Otras fuentes maravillosas de proteínas son las almendras, las nueces de todos tipos como las avellanas, etc., las semillas de girasol y de calabaza. Todas estas últimas en su estado crudo sin rostizar ni salar.

También es importante incluir hígado fresco y una o más verduras de hojas verdes (como los berros, la espinaca, la lechuga, etc.) en su régimen alimenticio de todos los días. No olvide las ensaladas de verduras y frutas frescas y crudas en abundancia.

Aparte de los alimentos mencionados se recomienda los siguientes suplementos vitamínicos: 2,500 miligramos de calcio; 500 miligramos de magnesio; de 1,000 a 5,000 unidades de vitamina D; lecitina 2 cucharadas si la lecitina está en su estado líquido o 3-4 cápsulas; 500 miligramos a 1,000 miligramos de vitamina C; vitamina A, 5,000 a 10,000 unidades; ácido hidroclórico y ácido pantoténico. Todos estos suplementos deben ser de fuentes naturales para lograr los resultados deseados sin peligro de efectos tóxicos. La vitamina D en las cantidades mencionadas no tiene efecto tóxico alguno sobre un adulto si se obtiene de fuentes naturales, pero puede resultar perjudicial si es de fuentes sintéticas.

Es aconsejable asolearse todos los días un rato para fijar la vitamina D en su cuerpo. También se debe tomar un vaso chico de jocoque, yougurt o leche todos los días.

Siguiendo las instrucciones logrará mejorar su estado de salud a tal grado que estas dolencias no le volverán a molestar. Sin embargo, los resultados pueden mostrarse un poco tardados porque los métodos naturales siempre son un poco lentos pero muy efectivos y es precisamente por eso que tiene que ser constante y persistente en este tratamiento para conseguir el fin deseado.

LA PAPAYA TIENE UN VALOR TERAPÉUTICO EXTRAORDINARIO

Resulta insuperable contra casi todas las infecciones del cuerpo, internas y externas.

La papaya contiene un ingrediente muy importante que se llama papaína, el cual tiene el mismo efecto al sistema digestivo que la pepsina al proceso digestivo, también contiene fibrina, rara vez encontrada fuera del cuerpo humano o animal. Esta substancia es fácilmente digerible y especialmente valiosa por la ayuda que suministra en la coagulación de la sangre (de heridas internas y externas).

La enzima de la papaína que contiene la papaya verde (sin madurar) tiene un efecto mucho más activo sobre el sistema que la papaya madura. El jugo de la papaya verde ha ayudado a corregir irregularidades intestinales incluyendo úlceras y otras condiciones más serias en un tiempo relativamente corto.

La papaya verde machucada aplicada como cataplasma sobre cualquier herida superficial ayuda a coagular la sangre y cerrar la herida rápidamente

Ambas, papaya verde o amarilla son insuperables como remedio contra casi todas las infecciones del cuerpo, internas y externas. Es muy importante incluir una abundante variedad de frutas frescas y verduras crudas y sus jugos en su dieta y en la de los niños.

Las frutas son limpiadoras del sistema y las verduras son constructoras.

Una persona que incluye estos alimentos vivos en su dieta diaria y descartan los "alimentos" que perjudican su salud (como el consumo excesivo de carne, comida muy generosa, harina y azúcar blancos, alcohol) puede estar segura que su cuerpo se encontrará sano, fuerte y libre de enfermedades.

JUGOS VEGETALES Y TISANAS, QUE EVITAN EL ESTREÑIMIENTO

El estreñimiento es un malestar común. Como puede ser leve y ocasional puede también ser causa de graves trastornos y por lo tanto es importante sobreponerse a este mal cuanto antes.

Para lograr este propósito se recomienda incluir los siguientes jugos vegetales y tisanas hierbales en su dieta.

1. Medio litro de jugo de espinaca.
2. Un cuarto de litro de jugo de zanahoria.
3. Medio litro de la combinación de jugos de zanahoria y espinaca.

Las proporciones a usar son: zanahoria 5/8 partes de medio litro. espinaca 3/8 de medio litro.

4. Medio litro de la combinación de zanahoria, betabel y pepino.

Las proporciones son: zanahoria 5/8 partes de medio litro, el resto se completa con los jugos de betabel y pepino en cantidades iguales:

Estos jugos nutren al sistema digestivo y los intestinos y ayudan a restablecer su funcionamiento normal y se deben tomar en cantidades iguales.

Las tisanas hechas a base de hierbas medicinales no sólo logran una rápida normalización de los intestinos sino que también provocan la depuración de la sangre y de todo el sistema en general, incluyendo el hígado y los riñones. También establecerán la regularización digestiva y el equilibrio nervioso y en general la recuperación gradual de todas sus facultades físicas.

RECETA PARA EL ESTREÑIMIENTO LIGERO

Corteza de frángula 20 gramos; flores de gordolobo 15 gramos; flores de tila 15 gramos; hojas de menta 20 gramos. Dos cucharadas soperas de la mezcla para cada taza de cocimiento breve (5 minutos de ebullición). Esto se debe tomar en ayunas.

TISANA PARA ESTREÑIMIENTO CRÓNICO

Hojas de sen, corteza de frángula, trébol de agua, semillas de anís. Se mezclan los ingredientes en partes iguales. Una cucharada sopera por taza de infusión. Una taza antes de acostarse y otra en ayunas.

EL ESTREÑIMIENTO CON GASES

Hojas de sen, diente de león, anís verde, comino, trébol de agua, menta. Una cucharada de la mezcla por taza de infusión. Una taza antes de acostarse y otra en ayunas.

ESTREÑIMIENTO CON MOLESTIAS DEBIDO A INTOXICACIÓN INTESTINAL

Raíz de genciana 10 gramos; tomillo 10 gramos; correhuela menor 15 gramos; raíz de ruibarbo 5 gramos. Se mezclan bien los ingredientes. Se utilizan dos cucharaditas pequeñas (como las del café) por cada taza de cocimiento breve. Se toma una taza antes de acostarse y otra al levantarse.

LA REEDUCACIÓN DE LA FUNCIÓN INTESTINAL

Corteza de frángula, achicoria, correhuela menor, diente de león, centaura. Se mezclan los ingredientes en partes iguales. Esta tisana es de cocimiento breve (3 minutos de ebullición). Dos cucharadas pequeñas de la mezcla por taza de tisana. Se empieza tomando una taza al acostarse y una taza entera al levantarse; unos días después se reduce la cantidad ingerida a media taza al acostarse y una al levantarse; luego, una taza en ayunas solamente; después de un corto tiempo media taza de infusión en ayunas y por fin se suprime todo.

LA BUENA ALIMENTACIÓN, BÁSICA PARA COMBATIR EL ESTREÑIMIENTO

El estreñimiento prolongado puede causar varios trastornos que pueden llegar a ser graves. Los venenos, resultantes directos del estreñimiento pasan a la circulación impurificando la sangre, recargando el trabajo de los riñones, hígado y la piel, ntoxicando el sistema en general y especialmente el sistema nervioso. El estreñimiento también es culpable de promover la vejez prematura.

La intoxicación del sistema, a causa del estreñimiento puede motivar los siguientes síntomas: depresión mental, melancolía, insomnio, debilidad nerviosa, neurastenia, pereza, dolores de cabeza, irritabilidad sexual, etc.

Las causas por el estreñimiento son varias. En casi todos los casos se debe a una alimentación antinatural compuesta de productos vacíos de todo valor nutritivo como son los productos de lata, un exceso de alimentos cocidos, productos de harina blanca, etc.; la falta de ejercicio es otro factor, el exceso de emociones perjudiciales también es otra posibilidad. Gran número de enfermedades del estómago o intestinos van acompañados del estreñimiento, muchas veces el embarazo puede provocar el estreñimiento.

EL TRATAMIENTO: Primero hay que proponerse un régimen alimenticio apropiado. Esto consiste en lo siguiente. Las comidas deben ser abundantes en verduras y frutas de todos tipos en su estado crudo y fresco en parte por su alta calidad nutritiva y también porque activan la evacuación del intestino. La dieta debe consistir de proteínas, derivados de pescados, mariscos y/o fuentes vegetales. La cantidad de proteínas ingeridas depende de la severidad del estreñimiento. Los que padecen agudamente de este mal deben incluir una cantidad de proteínas menor (por algún tiempo) que los que padecen levemente del mismo. Se puede tomar yogurt o jocoque frecuentemente, ambos ayudan a normalizar el intestino. Una buena práctica es en ayunas tomar un vaso de agua fría en donde previamente se ha exprimido el jugo de dos limones. También los ejercicios son muy benéficos y caminar de media a una hora diaria. Los deportes al aire libre ayudan a establecer la normalidad de todo el organismo.

EL JUGO DE LOS EJOTES ES DE GRAN BENEFICIO PARA COMBATIR LA DIABETES

EL JUGO DE EJOTES O JUDÍAS

Este jugo es de gran beneficio para combatir la diabetes. La diabetes es una enfermedad diurética causada por el consumo excesivo de almidón y azúcar concentrados y agravado por comer carne.

El cuerpo puede utilizar provechosamente sólo el azúcar natural orgánica que se deriva de frutas y verduras frescas. El almidón es un producto inorgánico y por lo tanto los azúcares que se derivan de él, también son inorgánicos y no tienen vida ni vitalidad. El páncreas entonces es forzado a trabajar en exceso durante la reconversión y sólo para recibir los átomos sin vida los cuales no le proporcionan, ni regeneración ni construcción de ningún tipo. Esto pues, causa lo que se conoce como diabetes.

El jugo de ejotes, junto con el de coles de bruselas contienen elementos que suministran los ingredientes para la insulina natural de la función pancreática del sistema digestivo.

Para los casos de diabetes se recomienda eliminar todos los productos de almidón y azúcar concentrados y también el alcohol. Se debe tomar un litro de la siguiente combinación de jugos: zanahoria, lechuga, ejotes y coles de bruselas y además medio litro de la combinación de zanahoria-espinaca todos los días. También se recomienda vigilar que las evacuaciones sean regulares y frecuentes ya que la ausencia de éstas impide que el tratamiento sea tan eficaz como debería ser y además, la salud del cuerpo depende tanto de la buena alimentación como de la buena eliminación.

JUGO DE TOMATE VERDE

El jugo de tomate pero en su estado inadulterado en los casos de diabetes. Tomar un vaso de jugo de tomate con cáscara y sin alteración alguna en ayunas durante mes y medio. También desde luego, se debe eliminar el azúcar procesado y productos. El sabor de esta bebida es poco agradable pero, es preferible sufrir un poco durante un tiempo limitado que sufrir indefinidamente por una enfermedad tan molesta como la diabetes.

Si el jugo resulta demasiado espeso, se le puede añadir un poco de agua para adelgazarlo.

JUGO DE PAPA, MEDICAMENTO NATURAL CONTRA LA DIABETES

Es benéfico contra problemas de tipo cutáneo. Puede ser combinado con el de zanahoria y apio, contra malestares gástricos, nerviosos y musculares.

La papa cruda contiene azúcares naturales que son fáciles de digerir, pero cuando se cocina la papa, estos azúcares se convierten en almidón con poco valor nutritivo.

El jugo de papa cruda ha probado ser muy beneficioso para algunos problemas de la piel. Esto se debe al alto contenido de potasio, azufre, fósforo y cloro que se encuentran en la papa cruda.

El jugo de papa combinado con los jugos de zanahoria y de apio ayuda a las personas que sufren malestares gástricos, nerviosos y musculares como en los casos de gota y ciática. En estos casos se debe tomar (aparte de la combinación mencionada) la combinación de jugos de zanahoria, betabel y pepino diario y seguir una dieta en donde se consuma poca carne, pescado o aves.

Si se desea comer papas cocidas siempre se deberá comer la cáscara también.

Los CAMOTES se distinguen bastante de las papas ordinarias. Contienen 1/3 más de hidrato de carbono en forma de azúcar natural que la papa, 3 veces la cantidad de calcio, dos veces la cantidad de silicio, y más de cuatro veces la cantidad de cloro. Todo esto hace que los camotes y su jugo tengan más valor nutritivo que las papas ordinarias.

La papa cruda se puede añadir a cualquier ensalada de verduras rallándola finamente y agregando cebolla cruda para proporcionar más sabor.

Se puede substituir el camote por la papa cuando se combine cualquiera de los jugos anteriormente mencionados y esto, a su vez, proporcionará la adición de beneficios orgánicos.

Las personas que sufren de diabetes pueden tomar el jugo de papa en combinación con el jugo de zanahoria y de apio para obtener un alivio de este mal.

Tomaremos esta oportunidad para añadir que la papa en su estado crudo es rica en las vitaminas A, B y C. Por cierto, muy pocas verduras contienen tanta vitamina C como la papa.

Cuando se fríen las papas se convierten en indigeribles y además tienden a crear padecimientos del hígado y la vesícula biliar, lo cual nos demuestra que la papa, que en su estado crudo es tan beneficiosa, una vez cocida (a menos que la cáscara también se use) o frita no solamente se convierte en un alimento que no proporciona ningún valor nutritivo al sistema, sino que se vuelve dañino, y por lo tanto, hay que evitarlo.

Si usted sufre de cualquiera de los males mencionados, tome un litro de jugo en las combinaciones que le recomendamos y se sentirá mejor.

Hierbas medicinales, para bajar el azúcar en la sangre

1) Diente de león; ortiga, centaura, fuco vejinoso. Se mezclan en partes iguales y se utiliza una cucharada sopera para cada taza de té, tomada tres veces al día.

2) Condurango 10 gramos; coriando 10 gramos; vainas de judías 30 gramos; hinojo 10 gramos; una cucharada sopera de la mezcla para cada taza de te. Esto se cocina aproximadamente 5 minutos y se toma 3 veces al día.

3) Vainas de judía 20 gramos; tormentilla 10 gramos; pensamiento 10 gramos; vara de oro 20 gramos; una cucharada sopera de la mezcla por cada taza de infusión 3 ó 4 veces al día.

Queremos tomar esta oportunidad para volver a sugerir que incluya los siguientes elementos en la dieta: Vitamina B_6, magnesio, potasio, vitamina E, vitamina A, los jugos de verduras mencionados en el artículo anterior: el tomate verde o las infusiones a base de hierbas medicinales.

Evite los siguientes: azúcar concentrado y sus productos, el consumo excesivo de la sal y todo producto que contiene mucha sal: una dieta de altas calorías; el consumo excesivo de carne, el almidón y sus productos (pasteles, pan, galletas, alcohol).

Siguiendo estas recomendaciones se verá recompensado con los resultados positivos deseados. También no hay que olvidar que el estado de ánimo optimista y lleno de fe tiene mucho que ver con la rápida recuperación.

Para generar la producción natural de insulina se aconseja tomar los siguientes elementos: complejo B, vitamina C, proteínas (de fuentes vegetales) ácido pantoténico y biotín; también comer ligeramente varias veces al día incluyendo algún alimento que contiene hidrato de carbono en todas las comidas. Esto se debe hacer poco a poco con cantidades pequeñas y subir la dosis lentamente para evitar un shock de insulina.

JUGO DE LECHUGA Y COL DE BRUSELAS FORTALECE Y REGENERA LA FUNCIÓN DEL PÁNCREAS

EL JUGO DE LECHUGA DE HOJAS LARGAS

Aunque pertenece a la familia de lechugas, la de hojas largas tiene una composición totalmente diferente a las demás. Contiene un sesenta por ciento más sodio que potasio y por ende es de considerable valor en condiciones que necesitan de estas proporciones, como por ejemplo el mal de Addison, donde las glándulas suprarrenales son afectadas y necesitan una cantidad máxima de sodio y un porcentaje relativamente bajo de potasio.

También para este mal, se recomienda eliminar todo producto que contenga almidón, fécula y azúcar concentrada, verduras que contienen exceso de potasio sobre sodio y reducir considerablemente carnes de todo tipo.

Las verduras permitidas son: betabel, apio, lechuga de hojas largas, espinacas y acelgas. Sería una buena práctica tomar jugos de estas verduras mezclándoles el jugo de zanahoria. Las frutas beneficiosas son: fresas, higos, jitomates, granadas y entre las nueces, las almendras y las nueces de haya.

Un litro diario de este jugo solo o mezclado con zanahoria, o cualquiera de las verduras anteriormente mencionadas y la eliminación de productos nocivos y perjudiciales (como el azúcar y la fécula concentrada, así como el alcohol, aparte los alimentos perjudiciales que se han mencionado anteriormente) ha ayudado en muchos casos a combatir el mal de Addison.

EL JUGO DE LAS COLES DE BRUSELAS

Ahora mencionaremos las coles de Bruselas y su valor nutritivo en nuestra dieta: Contiene mucho azufre, fósforo y potasio.

Mezclado crudo con los jugos de zanahoria, lechuga y ejotes suministran una combinación de elementos que fortalecen y regeneran las propiedades de insulina, benéfico en caso de diabetes, especialmente si todos los productos concentrados de fécula, azúcar y alcohol han sido eliminados de la dieta y se vigila un programa de limpieza intestinal.

Las coles de Bruselas se pueden ingerir en ensaladas, lo cual es de mucho más beneficio que cocidas, ya que al hervir pierden muchas de sus propiedades alimenticias.

MÁS VITAMINAS Y VEGETALES PARA COMBATIR LA DIABETES

VIGILE LA REACCIÓN DE LA INSULINA

Cuando se incrementa la producción de insulina natural, la reacción del cuerpo se parece a cuando se incrementa la dosis de insulina inyectada.

Siempre debe estar preparada para un shock de insulina. Tenga dulces a la mano y un gramo de cloruro de potasio, si es posible, para cualquier emergencia.

Es una buena práctica tener jugos de frutas cerca de la cama y tomarlo cada vez que despierte, para prevenir una reacción de insulina, durante la noche.

Otro elemento importante y muchas veces deficiente en los pacientes de la diabetes es el potasio.

La retención de sal durante períodos de tensión, puede causar pérdida del potasio y ser peligroso a las personas diabéticas que también padecen de alta presión y/o enfermedades del corazón.

Sería prudente minimizar su consumo de sal e incluir el potasio en la dieta y también el magnesio, ya que este último ayuda a mantener el potasio a un nivel normal.

Aparte de las vitaminas y minerales anteriormente recomendadas, es necesario que también se incluyan las siguientes combinaciones de jugos en su dieta. Los jugos se derivan de fuentes vegetales crudas y frescas

1) 1/2 litro de la combinación de zanahoria, apio, perejil y espinaca. La cantidad de jugo de zanahoria es 1/4 de litro. El apio: un octavo de litro, 3 cucharadas soperas de jugo de perejil y se completa el medio litro con el jugo de espinaca

2) Zanahoria un poco más de la mitad de medio litro, el resto se completa con jugo de espinaca.

3) La combinación de espinaca, apio, escarola y perejil. Zanahoria 1/4 de litro: apio y poco más de 1/8 de litro, el resto se distribuye en partes iguales, de escarola y perejil

4) Zanahoria (un poco más de 1/4 de litro). Perejil (cucharadas soperas). Apio (lo que se necesita para completar la mezcla de medio litro)

5) La combinación de zanahoria, coles de Bruselas y ejotes, zanahoria 1/4 de litro, ejotes 1/8 de litro.

6) Zanahoria (1/4) de litro, espárrago 1/8 de litro, lechuga 1/8 de litro.

Siempre se deben tomar por lo menos 2 ó 3 de estas combinaciones diarias. Preferible la combinación 5) y 1), diariamente y alternar las demás combinaciones como tercer elemento. Si no es posible tomar estos jugos durante el día por razones de trabajo o estudio, se pueden tomar en la mañana antes de salir y dos veces en el transcurso de la noche.

También se deben incluir suficientes ensaladas y algunas frutas benéficas en la dieta.

LAS FRUTAS CRUDAS MAGNÍFICAS LIMPIADORAS DEL CUERPO HUMANO

LOS DURAZNOS

Están compuestos de más de 88 por ciento de agua y son ricos en potasio, calcio y sodio. Son fácilmente digeridos y tienen una fuerte reacción alcalina sobre todo el cuerpo. También ayudan a estimular la secreción de jugos digestivos.

Los duraznos tienen un efecto laxante y diurético sobre el sistema y ayudan en la limpieza de los riñones y la vesícula biliar.

Cuando se cocinan o enlatan, los duraznos pierden todos sus elementos vitales y cuando se les añade azúcar, su reacción es ácida en el sistema.

Nunca se debe utilizar azúcar para endulzar frutas de cualquier especie y es preferible evitar su uso en general completamente. Un buen sustituto para el azúcar es la miel de abejas pura que aparte de sabrosa, es alimenticia.

LOS NECTARINOS

Cuando están maduros contienen casi 83 por ciento de agua. Su composición es muy similar a la del durazno, siendo ricos en potasio con una elevada cantidad de calcio y sodio.

Sin embargo, su contenido de hidrato de carbono es más alto que el del durazno.

Los nectarinos son muy buenos limpiadores de la sangre y el estómago.

LAS CIRUELAS

Contienen 78 por ciento de agua y son ricas en potasio, calcio, magnesio y fósforo. Las ciruelas contienen varios ácidos frutales de los cuales algunos tienden a irritar a los riñones. Las ciruelas tienen un fuerte efecto laxante en el cuerpo.

47

LOS CHABACANOS

Son una de las frutas más delicadas que existen. Su contenido de hierro orgánico es vital para la construcción de los glóbulos rojos de la sangre, es casi insuperable.

El silicio es otro elemento que se encuentra en abundancia en el chabacano: como sabemos, el silicio es importante para la buena salud del cabello y las uñas. Se aconseja que todas las frutas se coman crudas ya que pierden su valor nutritivo una vez cocinadas.

LAS MORAS (BERRIES) Y CEREZAS TAMBIÉN NUTREN Y LIMPIAN SU CUERPO

LAS MORAS

Todas las "berries" incluyendo las fresas, las zarzamoras, las frambuesas, etc., son un alimento muy nutritivo y valioso por sus propiedades de purificar el sistema.

Todas las variedades son ricas en potasio y cuando están maduros contienen azúcares naturales muy necesarios para la limpieza del organismo.

Si se desea endulzar las moras, igual que cualquiera de las demás frutas, se recomienda usar miel de abeja pura, cruda. El azúcar añadido a la fruta tiende a cambiar el efecto alcalino de la fruta sobre el sistema a un efecto ácido.

LAS CEREZAS

Las cerezas obscuras son más benéfica al sistema que las claras porque contienen una cantidad más grande de magnesio, hierro y silicio.

Son buenas para limpiar la sangre; ayudan en la secreción de jugos digestivos y de la orina. También son efectivos limpiadores del hígado y los riñones.

EL PERSIMÓN O NÍSPERO

El persimón es rico en fósforo, potasio y magnesio. Son conocidos por su efecto laxante sobre el sistema, pero no se debe comer hasta que están totalmente maduros.

JUGO DE BETABEL, EXCELENTE CONSTRUCTOR DE LA SANGRE

Su alto contenido de magnesio ayuda en forma extraordinaria al torrente sanguíneo. Combinado con zanahoria ayuda a la vesícula y los riñones.

Las raíces y tallos del betabel contienen potasio, hierro, sodio y magnesio. Su alto contenido de magnesio contribuye a que sea uno de los mejores jugos para construir los corpúsculos rojos de la sangre y para vigorizarla en general.

El jugo de betabel ha ayudado a evitar las molestias menstruales para las cuales se aconseja tomar la cantidad contenida en una copa de vino. También es efectivo para regularizar la menstruación y la menopausia prematura.

La construcción química del betabel tiene la gran ventaja de que contiene más del 50 por ciento de sodio, mientras que su contenido de calcio es solamente de un 5 por ciento. Esta es una proporción necesaria para mantener el calcio soluble, particularmente si el calcio inorgánico se ha acumulado en el sistema y ha formado depósitos dentro de los vasos de la sangre y producido condiciones como venas varicosas, endurecimiento de las arterias o poca ductibilidad de la sangre, que a su vez causa alta presión y otras formas de problemas cardíacos.

El potasio en el betabel proporciona una nutrición general para todas las funciones fisiológicas del cuerpo, mientras que el cloro suministra un excelente limpiador orgánico del hígado, los riñones y la vesícula biliar y también estimula la actividad del sistema linfático a través de todo el cuerpo.

La combinación de jugos de betabel con zanahoria en proporciones de un cuarto de betabel a tres cuartos de zanahoria suministra un buen porcentaje de fósforo, azufre, potasio, elementos alcalinos y

49

un elevado contenido de vitamina A, proporcionando esta receta uno de los mejores constructores de las células de la sangre.

No se recomienda tomar el jugo de betabel solo porque es un limpiador muy fuerte y puede causar molestias y náuseas.

EL JUGO DE BETABEL CON ZANAHORIA Y COCO

Este jugo contiene las propiedades necesarias para que sea un intensivo constructor del cuerpo y todavía tiene más propiedades como limpiador de los riñones y la vesícula biliar. Esta combinación contiene los elementos alcalinos de potasio, calcio, sodio, magnesio y hierro en abundancia y también en menor grado, fósforo, azufre, silicio y cloro.

Para realizar una construcción intensiva del cuerpo, se recomienda un vaso de esta combinación diario tomado durante 1 a 3 meses. O para mantener el cuerpo en buen estado físico se puede tomar un vaso de este jugo 2 ó 3 veces a la semana.

MANZANAS, UVAS Y MELONES AYUDAN A PURIFICAR EL TORRENTE SANGUÍNEO

LAS MANZANAS

Son ricas en magnesio, hierro, silicio, potasio (especialmente la variedad roja). Las manzanas contienen un 85 por ciento de agua y son muy buenas para la digestión, inclusive si se comen cuando el estómago está vacío o en ayunas, tiene un efecto laxante en el cuerpo.

El jugo de las manzanas crudas es beneficioso para casos de fiebre e inflamación y también es muy útil en la limpieza de los intestinos.

LAS UVAS

Contienen 80 por ciento de agua y su porcentaje de potasio y hierro es muy alto. También contienen una abundancia de elementos alcalinos

La uva fresca y madura es una de las más sustanciosas de las frutas siendo de gran ayuda en la eliminación de ácido úrico del sistema. También estimulan la secreción de jugos digestivos.

Las uvas se pueden usar cuando uno quiere lograr la restitución del balance alcalino-ácido del sistema. Un método eficaz para lograr este resultado, consiste en ayunar un día entero de la semana (un día que sea de descanso) y en este día comer 1/4 de kilo de uvas cada dos horas. Esto permite que el sistema descanse, que se limpien los intestinos, la sangre y todo el sistema en general. Esta práctica de ayunar una vez a la semana se debe continuar de uno a dos meses (según su estado físico de salud) para que el organismo llegue a limpiarse y desinfectarse completamente.

LOS MELONES

El contenido de agua del melón (en todas sus variedades) es de 90 a 93 por ciento y como tienen muy poca fibra, es fácilmente digerible.

Los melones siempre se deben comer solos por el simple hecho que si se comen con otros alimentos, su proceso digestivo se interrumpe, ya que deja que los demás elementos se digieran primero y esto puede causar gases y dolores de estómago.

Las diversas variedades de melón (incluyendo sandía) son ricos en potasio y el porcentaje de elementos alcalinos está en proporción de tres a uno a los elementos ácidos.

Los melones son recomendables para las personas que padecen de los riñones por su acción diurética y limpiadora.

ALFALFA, ZANAHORIA Y BERROS CONTRA PROBLEMAS CARDÍACOS Y ARTERIALES

JUGO DE ALFALFA

Es rico en nitrógeno, calcio, potasio, fósforo y magnesio. También es una fuente excelente de clorofila. Esto proporciona a nuestro organismo una resistencia fenomenal a las infecciones. Ha sido beneficioso para combatir problemas cardíacos y arteriales. Aparte de esto, la

clorofila es muy útil para aliviar problemas respiratorios, particularmente en los pulmones y sus cavidades. (La excesiva mucosidad es
causa fundamental de infecciones y dolores de sinusitis como también de afecciones bronquiales y de asma, incluyendo la fiebre de
heno).

El jugo de alfalfa se debe mezclar con el de zanahoria ya que es
demasiado fuerte y potente para tomarlo solo. A esta combinación se
puede añadir el jugo de lechuga para enriquecerlo con elementos
especialmente necesarios para las raíces del cabello. Tomando medio
litro diario de esta combinación resulta una gran ayuda en el crecimiento y conservación del cabello.

JUGO DE BERROS

El berro es una de las más ricas fuentes de azufre que existen en el
mundo vegetal, también es rico en potasio, calcio, sodio, magnesio,
fósforo y cloro. Por lo tanto, es un limpiador intestinal muy fuerte y no
se debe tomar solo, sino mezclado con el jugo de zanahoria o apio.

La combinación de jugo de zanahoria, espinacas, un poco de lechuga, nabizos y berros contiene los componentes necesarios para la
regeneración normal de la sangre particularmente para incrementar
la transmisión de oxígeno en el caudal sanguíneo. Esta combinación
es excelente contra la anemia, baja presión y bajo peso. También
ayuda a disolver la fibina sanguínea coagulada, en el caso de hemorroides y muchos tipos de tumores. Un litro diario de esta combinación, tomado en el lapso de 1-6 meses, según el estado avanzado del
tumor, ha ayudado a disolver estas condiciones. Para mejor y más
rápido efecto se debe eliminar todo producto que contenga azúcar,
productos de fécula y almidón y desde luego, la bebida alcohólica.

Los berros se pueden añadir a cualquier ensalada o usarlo como
ingrediente principal.

AJO, CEBOLLA Y PORO, DIURÉTICOS Y PURIFICADORES DE LA SANGRE

EL JUGO DE AJO

Es rico en aceites de mostaza y esto, en combinación con sus
elementos limpiadores, proporciona una reacción benéfica sobre el

sistema entero desde estimular el apetito y la secreción de jugos gástricos hasta una reacción laxante y diurética.

El ajo es tan potente y penetrante que ayuda a disolver las acumulaciones de mucosidad en los senos, en-los tubos bronquiales y en los pulmones. Es bueno para la linfa y ayuda a eliminar las toxinas del cuerpo por medio de los poros de la piel.

Aunque puede resultar un poco irritante a los riñones, sin embargo, es un valioso diurético. También es útil como purificador de la sangre y por lo tanto, ayuda en el control de la alta presión.

El ajo ha probado ser efectivo en la eliminación de parásitos intestinales siempre y cuando se guarde un riguroso régimen alimenticio (alimentos y jugos crudos y nada de fécula, ni azúcar y poca carne, también baños de asiento en caso de no ir al baño regularmente). La dieta debe ser planeada para que los alimentos puedan ser asimilados tan completamente como sea posible y con la menos cantidad de retención de materia nociva para obtener la reacción deseada.

Para evitar el fuerte olor de aliento que causa el ajo, se aconseja comer perejil, menta y otras hierbas frescas de esta naturaleza al mismo tiempo o inmediatamente después de comer el ajo.

LA CEBOLLA

Es rica en aceites de éter e hidrato de carbono, también contiene una abundante cantidad de potasio, calcio, silicio, fósforo y hierro.

Los aspectos benéficos del ajo son aplicables a la cebolla también.

EL PORO

Es rico en potasio y calcio y en menor grado en fósforo, cloro y azufre, también en vitaminas B y C.

Es un buen limpiador de los jugos digestivos, de la sangre y estimula la eliminación de ácido úrico del sistema, cuando éste se encuentra sobrecargado.

Se puede y se debe añadir el ajo, la cebolla y el poro a las ensaladas crudas si uno quiere asegurar y mantener un cuerpo sano y fuerte.

CÓMO CONSEGUIR UN ASPECTO JUVENIL

Nuestro artículo trata cómo conseguir un aspecto rejuvenecido vitalizando y purificando la sangre.

La salud, el vigor y la vitalidad dependen de un caudal sanguíneo limpio y puro. La sangre circula por todas partes alimentando y nutriendo los distintos órganos del cuerpo y actuando como barrera en contra de enfermedades. Un caudal sanguíneo revitalizado y reactivado promueve el sano estado físico y una apariencia más juvenil mientras que una condición anormal de la sangre tiene el efecto opuesto.

Para la revitalización de la sangre es necesario incluir una cantidad suficiente de hierro en la dieta. El hierro es esencial para la formación de corpúsculos rojos. Una deficiencia de este mineral puede causar dolores de cabeza, palidez de cara y labios, depresión, falta de energía, debilidad, agotamiento y otros problemas similares.

Las mujeres requieren más hierro que los hombres, en parte porque tienen menos células rojas de sangre pero principalmente porque su necesidad orgánica es superior debido a la menstruación y los embarazos. La cantidad requerida diariamente por las mujeres entre los 10 y los 55 años es 18 miligramos. Para hombres un poco menos.

También se debe incluir cobre en la dieta ya que este mineral es el ingrediente preciso para que el organismo utilice el hierro para regeneración de hemoglobina. El hierro tomado sin cobre se asimila pero no se convierte en glóbulos rojos.

Es importante usar hierro extraído de fuentes orgánicas. El hierro de fuentes químicas tiende a irritar el estómago y los intestinos y en muchos casos causa el estreñimiento.

ALIMENTOS QUE CONTIENEN HIERRO

Alimento	Cantidad	Miligramos de hierro
Almendras	1/2 taza	3.3
Albaricoque seco sin cocinar	1/2 taza	4.1
Frijoles	1 taza	de 4.7 a 4.9
Hojas verdes del betabel	1/2 taza	1.4
Coles de Bruselas al vapor	1 taza	1.7
Hojas verdes de diente de león al vapor	1 taza	5.5
Dátiles	1 taza	5.7
Lentejas	1 taza	4.1
Melasa	1 cuchar. sopera	2.3
Perejil crudo	2 cuchar. soperas	2.4
Jugo de ciruela pasa	1 taza	9.8
Rábanos	5 grandes	1.0
Frijol de soya	1 taza	5.4
Pasas	1/2 taza	2.8
Jugo de jitomate natural	1/2 taza	1.1
Hojas de nabo al vapor	1 taza	3.5
Gérmen de trigo crudo	1 taza	3.5
Harina integral	1 taza	3.0
Levadura de cerveza	1/4 taza	5.0

TISANAS QUE COMBATEN LA ANEMIA Y EL AGOTAMIENTO

La anemia es la disminución de la cantidad de glóbulos rojos en la sangre. Puede tener como causa la desnutrición, intoxicación, escasez de alimentos, fatiga excesiva, infecciones, tumores, debilidad de órganos productores de sangre, parásitos, deficiencias de hierro y vitaminas, mal funcionamiento del hígado, etc.

Síntomas: zumbidos en los oídos, palpitaciones faciales, dolores musculares, palidez de piel, dolor o debilidad de cabeza, etc.

Por medio de las tisanas a base de hierbas se proporcionará hierro orgánico al sistema para la formulación de glóbulos rojos y en conjunto con una dieta adecuada de una cantidad abundante de frutas y verduras crudas y frescas, proteínas vegetales, pescado y mariscos, hígado de res fresco, se vencerá la anemia que de no ser tratada apropiadamente puede degenerar en más graves dolencias.

Instrucciones: Las siguientes tisanas se emplearán de este modo: Se empezará tomando 3 tazas diarias de la primera tisana, después de otros 15 días se continuará con la segunda y después de otros 15 días con la tercera. Tras un descanso de unos 10 días aproximadamente se empezará de nuevo en la misma forma indicada.

Tisana 1. Centaura, liquen de Islandia, ortiga común, cálamo aromático, raíz de genciana. Se mezclan los ingredientes en partes iguales. Se utiliza una cucharada sopera por taza de te.

Tisana 2. Raíz de angélica, milenrama, nuez de kila, cardo santo, centaura, genciana. La preparación y la dosis es igual a la anterior.

Tisana 3. Cardo santo, genciana, trébol de agua, anís verde, raíz de angélica. La preparación y la dosis es igual a las dos anteriores. Estas tisanas se toman media hora antes de cada comida

Para la anemia también se recomienda tomar los siguientes jugos hechos de verduras crudas por medio de un extractor.

1. Medio litro de la combinación de zanahoria, apio, perejil y espinaca. Las proporciones a usar son: el jugo de zanahoria compone casi la mitad de medio litro; el apio, la cuarta parte, el perejil la octava parte y el resto se completa con jugo de espinaca.

2. Medio litro de la combinación, zanahoria, betabel y apio. Las proporciones: La zanahoria compone la mitad de medio litro: el betabel, un poco más que la octava parte; el apio, un poco más que la cuarta parte.

3. Medio litro de la combinación zanahoria, betabel y pepino. Zanahoria: 5/8 partes; betabel y pepino componen el resto en partes iguales.

4. Medio litro de la combinación de zanahoria, espárrago y lechuga. Zanahoria: la mitad de medio litro; espárrago, la cuarta parte; lechuga, la cuarta parte.

Siguiendo las indicaciones conseguirá la calidad de la sangre y eliminar la anemia.

JUGOS DE FRUTAS QUE DAN ASPECTO JUVENIL

La sangre necesita estar limpia y pura para evitar enfermedades y la deteriorización de las células. Si se logra un caudal sanguíneo desintoxicado se puede asegurar la prolongación indefinida de la vida de las células. Y esto significa verse joven más tiempo.

Las frutas y sus jugos frescos son excelentes purificadores del cuerpo, mientras las verduras crudas son constructoras del organismo. Hay que incluir ambos para asegurar una continua nutrición de todas las células de su organismo.

Es recomendable seguir un régimen de limpieza utilizando un día cada dos semanas para ayunar. En ese día se toma solamente jugos naturales de frutas de naranja o toronja diluyendo los jugos con agua destilada, de tal manera que las proporciones sean mitad agua y mitad jugo. Los jugos no se deben endulzar. También se puede comer fruta durante todo el día y tomar suficientes jugos diluidos, hechos de fruta. Nunca se debe utilizar frutas o jugos de lata. Durante el período de ayunas se pueden tomar tes purificadores o agua destilada sola.

Algunas hierbas purificadoras de la sangre:

1. La bardana
2. Diente de león
3. La betánica
4. La becabunga
5. Sauco o yezgo
6. El sasafrás
7. Hisopo
8. Trébol
9. Ortiga
10. Zarzaparrilla
11. El limón
12. Berros

Estos tes se preparan de la misma forma que cualquier te normal y se toma varias veces al día durante el ayuno. También se pueden tomar cuando no se está ayunando. Prueba ser sabroso y saludable.

RÉGIMEN ALIMENTICIO PARA LOGRAR UN ASPECTO JUVENIL

Para rejuvenecer se necesita seguir un régimen alimenticio natural eliminando elementos artificiales como los productos enlatados, los que contienen aditivos químicos, los productos procesados y adulterados, etc.

Es de suma importancia tener un caudal sanguíneo limpio y puro para prevenir enfermedades, sentirse sano y más joven. La limpieza de la sangre se consigue incluyendo una dieta abundante de frutas y verduras frescas y crudas en su dieta de todos los días. Para ayudar en la purificación de la sangre se deben utilizar las hierbas medicinales especiales para lograr este fin. En este espacio daremos a conocer algunas tisanas de hierbas para desintoxicar el sistema.

Las impurezas de la sangre se manifiestan por diversos síntomas: predisposición a los catarros, anginas, piel impura, padecimiento prematuro y sus consecuentes enfermedades, etc.

Para aliviar un estado de sangre intoxicada se recomiendan las siguientes tisanas, las cuales deben cambiarse cada 10 días para lograr mejores beneficios.

1. Bardana, 10 gramos; frángula, 20 gramos; grama, 5 gramos; hinojo, 15 gramos; levístico, 5 gramos. Se utiliza una cucharadita pequeña de la mezcla por cada taza de infusión. Se toman dos tazas al día, una en ayunas y otra antes de acostarse.

2. Pensamiento, trébol de agua, achicoria, diente de león. Se mezclan los ingredientes en partes iguales. Se usa una cucharada sopera de la mezcla para cada taza infusión. Se toman 2 tazas al día.

3. Raíz de angélica, raíz de zarzaparrilla, raíz de bardana. Corteza de frángula. Se mezclan en partes iguales. Dos cucharaditas de las que se usan para el café para una taza de cocimiento. Se toman dos tazas al día

4. Ortiga blanca, cola de caballo, romero, gayuba, anís verde. Se mezclan en partes iguales. Se utiliza una cucharada sopera para cada taza de te. Se toman dos tazas al día.

5. Raíz de genciana, 20 gramos; trébol de agua, 10 gramos; centaura, 20 gramos; corteza de frángula, 30 gramos. Se utilizan dos cucharaditas como las que se usan para el café, para una taza de cocimiento breve (3 minutos de ebullición). Se toman dos tazas al día

6. Hojas de menta, hojas de nogal, agracejo, centaura. Se mezclan en partes iguales. Una cucharada sopera por taza. Dos tazas al día.

Se puede substituir el café del desayuno por una de las siguientes tisanas aromáticas De esta manera logrará purificar el organismo y evitar el café que suele tener un efecto perjudicial para diversas enfermedades.

A. Hinojo, regaliz, anís, cola de caballo, menta.

B. Flor de tila, melisa, tomillo, angélica.

C. Flor de sauco, anís, hojas de salvia, manzanilla, escabiosa.

Instrucciones: Se mezclan los ingredientes en partes iguales. Las tisanas se preparan en forma de infusión a razón de 1-2 cucharadas soperas de una de estas mezclas por taza. Se puede endulzar con miel de abeja y añadir limón si se desea.

Para la purificación de la sangre y por lo tanto del organismo en general, es muy importante evitar el alcohol y el cigarro. Diez hierbas para purificar la sangre.

DIEZ HIERBAS PARA PURIFICAR LA SANGRE

Resulta que una persona tiene problemas del cutis debido a la piel grasosa y subsiguientes erupciones que han dejado cicatrices.

Respecto a la concha nácar, sí es buena para las cicatrices y sí es de buena calidad la que se vende en las farmacias. También en Acapulco se puede conseguir buena concha nácar.

Las erupciones de la piel son señaladas de un sistema intoxicado. Cuando la eliminación de las toxinas es pobre o los órganos eliminativos como el hígado, los riñones y los intestinos están sobretrabajados y/o sobrecargados de toxinas, la eliminación se efectúa a través de los poros de la piel y por lo tanto, se desarrolla una condición de cutis poco sana. En vista de eso, lo primero que se debe hacer es desintoxicar el sistema: primero, purificando la sangre y después asegurando que no se vuelva a intoxicar. Esto se logra por medio de una dieta sana y natural.

Se puede desintoxicar la sangre por medio de las siguientes hierbas purificadoras de sangre:

1) Bardana.
2) Diente de león.
3) Betania.
4) La becabunga.
5) Sauco.
6) Sasafrás.
7) Hisopo.
8) Trébol rojo.
9) Ortiga.
10) Zarzaparrilla.
11) El limón.
12) Los berros.

PROCURAR UNA REACCIÓN FÍSICA RADICAL

Para los problemas del cutis también se aconseja tomar los siguientes jugos de verduras frescas y crudas. Estos jugos son desintoxicantes y a la vez nutritivos.

1) Medio litro de jugo de zanahoria.

2) Medio litro de la combinación zanahoria, espinaca y lechuga. Las proporciones a tomar son: Un cuarto de litro de jugo de zanahoria y el resto repartido en partes iguales de jugo de lechuga y el de espinaca.

3) Medio litro de la combinación zanahoria y espinaca. El jugo de zanahoria constituye las 5/8 partes del medio litro y el resto se completa con el jugo de espinaca.

Estos jugos se deben tomar todos los días entre comidas.

Para desintoxicar el sistema se recomienda también ayunar un día de cada semana o cada dos semanas. Debe ser un día de tranquilidad durante el cual no se necesita trabajar. A lo largo de este día, se toma solamente el jugo fresco de naranja, toronja y limón, mezclados y diluidos a la mitad con agua destilada. Cada vez que se tomen los jugos deben prepararse frescos y se deben tomar múltiples veces al día. El ayuno descansa al organismo y permite la eliminación de toxinas. Si la eliminación intestinal es lenta, se recomienda tomar un enema al levantarse y uno antes de acostarse, durante los días de ayuno.

CÓMO ELIMINAR LAS VENAS VARICOSAS

1) Si desea saber dónde pueden encontrar las algas marinas, las hojas de frambuesa y la lecitina. Estos productos se pueden encontrar en el Pasaje Catedral del Zócalo. Muchas hierbas medicinales también se podrán conseguir allí y también en el mercado que se encuentra sobre la calle de Fray Servando Teresa de Mier, enfrente del Cine Sonora, también en la Merced.

2) Los vegetales poco comunes como la chirivía o pastinaca, el quimbombo, etc., se pueden conseguir en el mercado de San Juan encargándolas a un hierbero o a una vendedora de verdura.

Las venas varicosas se desarrollan generalmente debido a dietas excesivamente altas en almidones, azúcares concentrados y productos inorgánicos, por lo tanto la impureza de la sangre. Causa la formación de depósitos calcáreos. Para combatir esta condición: primero hay que evitar sus causas y luego desintoxicar y vitaminizar al sistema con las siguientes combinaciones de verduras frescas y crudas y también hierbas medicinales.

a) Medio litro de combinación de jugo de zanahoria y espinaca, en las siguientes proporciones: zanahoria 5/8 partes de 1/2 litro: espinaca 3/8 partes.

b) Medio litro de jugo de espinaca.

c) Medio litro de la combinación de zanahoria, apio, perejil y espinaca. Zanahoria un poco menos de la mitad de 1/2 litro: apio 1/4 de litro: perejil 1/8 de medio litro: espinaca un poco más de 1/8 de medio litro.

d) La combinación de zanahoria, betabel y pepino. Zanahoria, un poco más de la mitad del medio litro, el betabel y el pepino se añade al jugo de zanahoria en proporciones iguales (1/4 y 1/4).

e) Medio litro de la combinación de jugos de zanahoria, espinaca, nabo y berro. Zanahoria la mitad de medio litro; espinaca 1/4 parte de medio litro; nabo 1/8 parte de medio litro: berro 1/8 parte de medio litro.

Estos jugos se deben tomar todos los días. Las hierbas medicinales necesarias para eliminar esta condición, deben ser purificadoras y descongestionantes

1. Hojas de nogal, pensamiento, cola de caballo, melisa, manzanilla. Se mezclan en partes iguales. 2 cucharadas pequeñas para una taza de la infusión. Se toma una taza en ayunas y otra antes de acostarse.

2. Raíz de lampazo 20 gramos, milenrama 15 gramos, ortiga 15 gramos, hojas de melisa 20 gramos. DOSIS: Una cucharada sopera por cada taza de te. Este te se coce 5 min. Se toma una taza en ayunas y una antes de acostarse.

Estos tes se deben tomar durante una temporada larga alternando la combinación número 1 con la 2 cada 15 días.

1. Aparte de tomar los jugos y tes nutritivos y desintoxicantes al sistema es aconsejable practicar lo siguiente: Durante el sueño o descanso tener los pies sobre una almohada para que estén más altos que la cabeza.

2. Tomar paseos moderados.

3. Aplicar fricciones generales en todo el cuerpo con agua fría.

LA ESPINACA Y LA ZANAHORIA TAMBIÉN COMBATEN LA MIGRAÑA

Algunos expertos proclaman que la Migraña se debe a un caudal sanguíneo impuro y a centros nerviosos mal nutridos.

Para corregir estas condiciones se recomiendan los siguientes jugos:

1) La combinación de espinaca y zanahoria (medio litro diario de estas proporciones) 5/8 partes de zanahoria y 3/8 partes de espinaca.

2) Zanahoria, apio, perejil y espinaca.

Las proporciones son: casi la mitad de medio litro de zanahoria, apio la cuarta parte de medio litro, perejil la octava parte de medio litro. El resto se completa con el jugo de espinaca.

3) Medio litro de jugo de espinaca solo.

4) La combinación de zanahoria, betabel y pepino.

El jugo de zanahoria compone un poco más de la mitad de medio litro, el resto se completa con los jugos de betabel y pepino en cantidades iguales.

5) Medio litro de la combinación de zanahoria, dientes de león y espinaca.

Se utiliza un poco más de la mitad de medio litro del jugo de zanahoria, para completar el medio litro se añaden los jugos de diente de león y espinaca en proporciones iguales.

6) La combinación de apio y zanahoria, las proporciones son: un poco más que la mitad de medio litro de zanahoria, el resto se completa con el jugo de apio.

Estos jugos ayudan a nutrir al sistema, eliminar toxinas y restablecer su equilibrio. De esta manera logran eliminar las condiciones que pueden provocar la Migraña. Se toman 3 jugos un día y los otros el próximo día y así consiguientemente.

Desde luego, además de los jugos hechos a base de verduras crudas, se deben incluir las verduras y frutas crudas y frescas en su régimen alimenticio. También es aconsejable incluir, proteínas y vegetales en su dieta.

Una hierba benéfica para los casos de Migraña es la verbena.

Aunque la verbena no ayuda en todos los casos de Migraña, sin embargo ha sido efectivo en algunos.

La DOSIS: dos cucharaditas de la hierba en una taza de agua hirviendo. El te se cuela cuando se ha enfriado. Se toma la cantidad de una copa de vino (o más en casos muy severos) tres o cuatro veces al día.

Incluya las hierbas medicinales mencionadas en este artículo y en el anterior y también los jugos vegetales.

Evite los productos inorgánicos como el harina blanca y sus productos, alimentos enlatados y los que tienen preservativos y aditivos químicos.

Siguiendo estas instrucciones usted logrará un organismo sano y libre de esos dolores tan agudos y molestos de la migraña.

HIERBAS PARA COMBATIR LA "AGONÍA" DE LA MIGRAÑA

Las personas que sufren de migraña conocen bien sus dolorosos síntomas, la vista empieza a nublarse, a volverse borrosa, luego aparecen unas manchas negras o un relumbrón. También puede sentirse mareado. Poco tiempo después, un dolor a un lado de la cabeza que se vuelve general cada vez más y más intenso y acompañado de náuseas y vómitos.

ALGUNAS POSIBLES CAUSAS DE LA MIGRAÑA

Algunas posibles causas de la migraña son:

1) Bajo contenido de azúcar en la sangre, generalmente debido a una dieta rica en azúcar blanca y productos de harina refinada y deficiente en vitaminas y minerales de fuentes orgánicas.

2) Formas de tensión mental con la tristeza profunda, aguda depresión, la ira, desilusiones fuertes, etc.

3) Problemas del hígado.

4) El estreñimiento continuo, dando como resultado la intoxicación del sistema.

5) Alergia a preservativos y aditivos químicos en los alimentos.

6) Deficiencias glandulares.

7) Una mala e inadecuada dieta. En estos casos debe ser alta en proteínas, vegetales, baja en grasa, adecuada, pero no excesiva en hidratos de carbono. Se debe evitar tabaco y alcohol, siendo causas potenciales de la migraña.

8) Muchas veces algún dolor o inhalación de algo desagradable como pintura, thinner, humo de tabaco, escape, el smog., etc., puede inducir la migraña.

LOS REMEDIOS

a) Inyecciones de alta dosis de vitamina B_1 y B_2 han ayudado en contra de la migraña.

b) En algunos casos la vitamina C ha sido efectiva para eliminar la migraña. La vitamina C debe provenir de fuentes naturales. No se recomienda ácido ascórbico, las frutas cítricas son fuentes excelentes de vitamina C pero es aconsejable evitar la naranja ya que parece dañina en estos casos.

UN REMEDIO A BASE DE HIERBAS

14 gramos de raíz de dientes de león.

14 gramos de centaura.

14 gramos de zanahoria silvestre *(daulus carota)*.

14 gramos de raíz de gengibre.

14 gramos de agripalma.

14 gramos de raíz de malvavisco.

14 gramos de verbena

Mezcle todos los ingredientes en 1 1/4 litros de agua caliente hasta que suelte un hervor y hierva a fuego lento 15 minutos.

Dosis: La mitad de una taza 3 veces al día antes de comer.

Esta fórmula es ligeramente laxante, es benéfica para el hígado y los nervios.

Los beneficios no se notarán, inmediatamente pero poco a poco se irán sintiendo: las infusiones hechas a base de estas hierbas, se deben tomar unas cuantas semanas para lograr los resultados deseados.

Los periodos entre ataques deben irse alargando cada vez más y el dolor debe disminuir a medida que el hígado y el sistema nervioso vaya sanando.

Muchas personas que padecen de migraña logran aliviarse tomando este te.

LA ESCAROLA CONTIENE PROPIEDADES NUTRITIVAS PARA EL SISTEMA ÓPTICO

Conoceremos un poco mejor a la escarola y sus valores nutritivos y medicinales en nuestra dieta.

EL JUGO DE ESCAROLA

La escarola está relacionada muy de cerca a la planta de diente de león o amargón y sus constituyentes químicos son muy parecidos. Sin embargo, la escarola contiene propiedades nutritivas de las cuales el sistema óptico necesita constantemente.

Añadiendo los jugos de zanahoria, apio y perejil al jugo de escarola proporciona especial nutrición al nervio óptico y al sistema muscular óptico, lo cual ha dado excelentes resultados en la corrección de defectos ópticos. Uno o dos vasos de esta combinación tomada diariamente durante unos cuantos meses, en algunos casos, ha corregido la vista a tal grado que ¡el uso de anteojos resultó innecesario!

La escarola es rica en potasio, calcio, fósforo y sodio y es una de las más ricas fuentes de vitamina A entre las verduras verdes.

La combinación de jugos de apio, escarola y perejil es auxiliar en casos de anemia y problemas cardíacos (cuando éstos no son el resultado del gas en los intestinos), así como tónico para la sangre.

La combinación de jugos de zanahoria, apio y escarola ayudan a combatir el asma y la fiebre del heno... si sus causas se eliminan también.

Estas fundamentalmente son: leche, fécula y azúcar concentrados.

El jugo de escarola en cualquier combinación promueve la secreción de la bilis y por lo tanto es buena para los padecimientos del hígado y de la vesícula biliar y ayuda en su limpieza. Además estimula la secreción de la saliva.

La escarola también se puede (y se debe) usar en ensaladas, en cuyo caso se debe masticar muy bien ya que tiende a ser muy fibrosa y dura. Además (al igual que en jugo) se debe lavar y desinfectar cuidadosamente.

CÓMO REMEDIAR ALGUNOS
PADECIMIENTOS DE LOS OJOS

La catarata es un mal donde el cristalino de los ojos se cubre con una nube opaca. Esto se debe a una nutrición deficiente de los nervios y músculos ópticos. Mientras que la cirugía ha demostrado tener un efecto benéfico temporal en algunos casos, no cabe duda que la Naturaleza puede proporcionar remedios mejores y más permanentes.

Experimentos con humanos y animales han demostrado que la deficiencia de vitamina B_2 en ambos tiende a producir cataratas. La necesidad orgánica de esta vitamina es 15 miligramos diarios, especialmente cuando existe alguna aflicción de los ojos. Una fuente excelente del Complejo B (en donde está incluida la vitamina B_2) es la levadura de cerveza.

Los siguientes jugos son importantes en cuanto se refiere a la buena condición de los ojos. Nutren al sistema óptico y ayudan a eliminar las cataratas. Se deben tomar los tres jugos todos los días durante un tiempo largo (todo el tiempo necesario, hasta que hayan desaparecido los desórdenes).

1. Medio litro de la combinación de jugos de zanahoria y espinaca. El jugo de zanahoria compone las 5/8 partes de medio litro y la espinaca 3/8.

2. La combinación de zanahoria, apio, escarola, perejil. El jugo de zanahoria compone un poco menos de la mitad de medio litro, el apio compone un poco más que la cuarta parte de medio litro. El resto se completa con los jugos de escarola y de perejil en proporciones iguales.

3. Medio litro de la combinación de jugos de zanahoria, apio y perejil. La zanahoria compone un poco más de la mitad de medio litro, el apio compone poco más de la cuarta parte de medio litro, el perejil constituye la octava parte de medio litro

Desde luego, es aconsejable incluir bastantes ensaladas de frutas y verduras crudas y frescas en un régimen alimenticio para proporcionar al cuerpo los elementos vitales que tanto necesita.

REMEDIOS PARA ALGUNOS PROBLEMAS OCULARES

GLAUCOMA: Se ha visto que el glaucoma puede atribuirse a una falta de vitaminas A, B y C, calcio y otros minerales. En estos casos se debe evitar el café, ya que puede ir en detrimento de esta condición. Para el tratamiento de esta y otras condiciones delicadas oculares se recomienda que emprenda cualquier tratamiento bajo la supervisión de algún médico o algún médico homeópata que le podría proporcionar medicamentos suaves a base de productos naturales para eliminar estos problemas.

REMEDIOS PARA BOLSAS DEBAJO DE LOS OJOS

1. Se colocan unos pedacitos delgados de papaya sobre los ojos y se aplican unas toallitas pequeñas ligeramente calientes sobre ellos. Esto se hace por el espacio de 15 minutos cambiando la toalla cuando se enfría.

2. Se aplican pepinos crudos en tiras delgadas sobre los ojos. Esto tiene un efecto refrescante sobre los ojos; al mismo tiempo que los descansan, eliminan las bolsas.

3. Se pela y raya una papa. Se aplica a los ojos 15 minutos.

4. Las bolsas de té negro o de manzanilla aplicado caliente o frío descansan los ojos y eliminan las bolsas debajo de ellos.

Para comezón o irritación de los ojos la vitamina B_2 ha sido muy benéfica.

Para los ojos ensangrentados, el complejo B, con particular atención a la vitamina B_2.

Los que ven manchas delante de los ojos generalmente padecen de un hígado congestionado y deben practicar un régimen apropiado para regularizar la función del hígado.

REMEDIOS PARA LA CONJUNTIVITIS Y LA INFLAMACIÓN DE LOS OJOS

Remedios a base de hierbas para los orzuelos, la conjuntivitis, inflamación de los ojos y otros malestares oculares.

Desde hace siglos la EUFRASIA se ha usado para remediar los ojos cansados, inflamados y llorosos.

Para remediar la conjuntivitis no hay cosa mejor. Se usa 20 gramos de la hierba seca para medio litro de agua hirviendo. Se deja impregnar el agua de la hierba y luego se cuela perfectamente bien para que no quede nada de residuos. Esto se puede conseguir colando la preparación por medio de una muselina. Se bañan los ojos con esta agua 3-4 veces al día. Para cada baño se usa agua fresca.

La Eufrasia protege y mantiene la sana condición de los ojos. Como medicina interna se utiliza como constituyente para debilidades oculares. Dosis: se prepara 28 gramos de eufrasia para medio litro de agua. Se toma la cantidad de una copa de vino tres veces al día.

PARA ELIMINAR LOS ORZUELOS HAY VARIAS RECETAS

1. Aplicar aceite de ricino externamente varias veces al día. Esto ha ayudado a muchas personas a eliminar los orzuelos en el término de 2-3 días.

2. Tomar el te de semillas o raíces de bardana o lampazo. Se toma medio litro en el transcurso de 24 horas. Se puede utilizar la planta centaura molida en vez de la bardana. Se hace una infusión fuerte y se toma una cucharada sopera de la infusión 3-4 veces al día.

Otro remedio simple pero muy efectivo consiste en: A los primeros indicios del orzuelo se ponen dos cucharaditas teteras de te negro en una bolsita pequeña de tela. Esta bolsita se humedece con agua caliente y se coloca sobre el párpado. Se deja toda la noche. Si se aplica a tiempo una sola aplicación es suficiente. A veces se necesita dos o tres aplicaciones. Si la bolsa se moja 2-3 veces en el transcurso de la noche el efecto será mejor y más rápido.

Personas cuyos ojos se sienten como si tuviera grava o existe una irritación en los blancos de los ojos, sufren de una deficiencia de riboflavina. Para eliminar estas molestias es preciso incluir suficiente riboflavina (vitamina B_2) en su dieta. Esto lo puede obtener con la levadura de cerveza y el hígado fresco.

Los ojos cansados encuentran alivio aplicando unos algodones previamente remojados en agua de romero. También las bolsas de te negro o de manzanilla proporcionan descanso a ojos cansados e irritados.

Cuando aparecen círculos obscuros debajo de los ojos debido a una desvelada se puede aplicar pepinos cortados muy delgaditos en los ojos. Se deja de 5 a 10 minutos. Una alternativa bastante efectiva es pelar y rayar finamente una papa y aplicarla a los ojos dejándola unos 15 minutos.

Para reforzar los ojos y por lo tanto mejorar la vista es preciso hacer ejercicios con los ojos. Primero se mueven de un lado para otro, luego de arriba abajo, después del rincón superior al inferior y lo mismo del otro lado, luego una vuelta completa de un lado y después del otro. Se aprietan fuertemente los ojos y se queda así unos segundos. Estos ejercicios se deben hacer en la mañana y en la noche por lo menos unos diez minutos. Estos ejercicios son también para la vista cansada.

Hay que tener en cuenta la importancia de seguir una dieta que sea alimenticia y sustanciosa y que le proporcione al cuerpo las vitaminas y minerales tan necesarios para su buen estado. La dieta más adecuada para conseguir este fin es la que contiene una abundancia de elementos vivificantes como los que proporcionan las verduras y frutas crudas, frescas y las proteínas vegetales como las semillas de girasol, las almendras y las nueces de todos los tipos. Estas recomendaciones son para mejorar su estado de salud en general, ayudar a que se mantenga joven más tiempo y también para evitar enfermedades de todos tipos como las de los ojos.

Para asegurar el buen estado sano de sus ojos es de suma importancia incluir las siguientes vitaminas en su dieta: la vitamina A (20,000 unidades), vitamina C (de 1,000 a 1,500 miligramos), la vitamina B_2 (por lo menos 15 miligramos), el complejo B en general y calcio. Todos estos suplementos se deben tomar diario o mejor aún obtener estas vitaminas de fuentes naturales.

No hay que olvidar que el buen estado de ánimo influye favorablemente sobre la salud en general. Evite los corajes ya que perjudican al organismo. Vea las cosas en su propia dimensión y no atribuya demasiada importancia a cosas tan triviales o pasajeras.

LECHUGA, EXCEPCIONAL PODER PARA VITALIZAR TEJIDOS MUSCULARES, CEREBRO Y NERVIOS

La verdura que contiene casi todas las vitaminas necesarias para el cuerpo y que se encuentra en tercer lugar en la escala de valor nutritivo de las verduras (la zanahoria estando en primer lugar y la alfalfa en segundo) es la lechuga. La conoceremos más a fondo.

Las variedades de lechuga constituyen un alimento importante en la dieta por su alto porcentaje de agua (de 92 a 95 por ciento) y por su abundancia de potasio, sodio, calcio y particularmente hierro y magnesio. También es rica en silicio y fluor.

El magnesio que se encuentra en la lechuga, tiene un poder excepcional para vitalizar los tejidos musculares, el cerebro y los nervios. Las sales orgánicas del magnesio son constructoras de células, especialmente del sistema nervioso y de los tejidos de los pulmones. También ayudan a mantener la fluidez normal de la sangre y otras funciones necesarias para conservar el organismo en perfectas condiciones. Las sales del magnesio pueden funcionar eficientemente sólo cuando existe una suficiente cantidad de calcio. La presencia de esta combinación de elementos en la lechuga, la hacen un alimento valioso

Combinado el jugo de zanahoria al de lechuga proporciona una intensificación de las propiedades de la lechuga con vitamina A y sodio. Esto ayuda a conservar el calcio presente en la lechuga en solución constante hasta que se puede utilizar por el cuerpo.

La lechuga también contiene fósforo, uno de los principales constituyentes del cerebro y azufre, uno de los componentes de la hemoglobina funcionando como oxidante. El silicio junto con el azufre y el fósforo son esenciales para desarrollar y mantener sana la piel, el cabello y los tendones.

La combinación de jugos de zanahoria, espinaca y lechuga, tomados diariamente estimulan el crecimiento y la buena condición del cabello. También la combinación de zanahoria, lechuga y alfalfa estimula su crecimiento y aparte, la restauración de su color natural.

El jugo de lechuga há proporcionado alivio a personas que sufren de tuberculosis y de molestias gástricas. También es un buen diurético. Su efecto estimulante al metabolismo es incomparable. Se recomienda este jugo mezclado con zanahoria para los niños.

Para las ensaladas y los jugos se recomienda, que se usen las hojas verdes de la parte exterior de la lechuga, ya que éstas contienen más clorofila y vitaminas esenciales que las hojas amarillentas del interior.

TAMBIÉN LOS VEGETALES AYUDAN A COMBATIR LAS CRISIS CONVULSIVAS

Una niña de 8 años había padecido de crisis convulsivas con todos los síntomas de un caso epiléptico desde los 9 meses de edad. Como consecuencia de este mal, sufre "lapsos mentales".

Primero vamos a definir la epilepsia y sus causas y luego recomendaremos los vegetales esenciales necesarios para combatir esta enfermedad.

Los síntomas característicos son espasmos nerviosos y pérdida de conciencia temporalmente. Esto es en general a causa de una toxemia o inanición del sistema nervioso. Sin embargo, ha habido casos de gentes que tenían todos los síntomas atribuidos a la epilepsia pero la causa no era toxemia ni tampoco inanición del sistema nervioso sino se debía a lombrices del colon.

Para estar seguro de este mal, es importante que se haga un análisis médico completo y en cuanto se sepa si la enfermedad proviene de la alimentación deficiente o es causa de lombrices, se podrá tratar adecuadamente.

Si proviene de una pobre alimentación, indispensable para el sistema nervioso, se recomiendan las siguientes combinaciones de jugos de verduras crudas y frescas.

1) La combinación de zanahoria, apio, perejil y espinacas. Esta mezcla es riquísima en potasio, se toma un cuarto de litro diariamente.

2) Zanahoria (más de la mitad del medio litro, perejil, tres cucharadas soperas) lo que falta para completar el medio litro se añade con jugo de apio.

3) El jugo de espinaca solo (un cuarto de litro diario).

4) De la siguiente combinación se toma medio litro diario en las proporciones indicadas: zanahoria 3/5, betabel 1/5 y pepino 1/5.

5) Zanahoria (5/8), espinaca (3/8). Se toma medio litro de esta combinación a diario.

Estas combinaciones de jugos se deben tomar a diario para nutrir el sistema a un grado tal, que regrese a su estado equilibrado y sano.

Desde luego se debe complementar el efecto de estos jugos con una dieta bien balanceada donde se incluyan una cantidad adecuada de verduras crudas, frutas frescas y proteínas de fuentes vegetales como de las nueces de todo tipo, semillas de girasol, etc. No hay que olvidar que suficiente ejercicio al aire libre (preferiblemente al aire limpio del campo) son muy necesarios para restablecer la salud. La yoga es una maravilla para lograr el control de los músculos por medio de ejercicios de respiración correcta. También meditar por lo menos 15 minutos al día trae como consecuencia una mente tranquila con habilidad de ejercer control sobre el cuerpo físico.

Algunas hierbas medicinales benéficas para combatir los "lapsus mentales" son: artemisa, eufrasia (romero con pequeñas cantidades) la hierba mate. El ajo también es valioso para estimular la memoria. Nos limitamos a mencionar solamente algunas hierbas para lograr una buena memoria, ya que pronto volveremos a hablar de ella más extensamente.

LAPSUS MENTALES Y HIERBAS QUE NOS AYUDAN A EVITARLOS

Los lapsus mentales son causa de aflicción y muchas veces hasta de pena. Existen múltiples hierbas medicinales que ayudan a mejorar una memoria perezosa; aquí daremos a conocer algunas.

LA SALVIA

Tiene una reputación desde hace varios siglos como hierba benéfica para el cerebro, los nervios, los ojos y las glándulas.

En la farmacéutica la salvia se clasifica como un antiséptico natural. Las hojas frescas contienen una cantidad bastante alta de vitaminas A y B.

La salvia ayuda a eliminar el agotamiento mental y refortalecer la concentración. También relaja a las personas hipersensibles en general y calma la irritación cerebro-espinal.

Este te se debe tomar 3 veces al día después de cada comida. La cantidad es de una copa de vino.

LA ARTEMISA

Esta hierba se utiliza extensamente en la medicina china desde tiempos antiguos.

Hoy en día, a esta hierba se le atribuyen las cualidades de: tónico estimulante, diaforético y emenagogo.

El cerebro y la médula espinal están íntimamente ligadas y las hierbas que afectan una parte, siempre afectan la otra. Así nos damos cuenta que la artemisa, estimulante de la médula espinal, es al mismo tiempo descongestionante del cerebro También es benéfica para los que tienen costumbre de caminar dormidos.

LA EUFRASIA

La Eufrasia es comúnmente conocida como una hierba para tratar ciertas enfermedades de los ojos: Sin embargo, es de mucha utilidad para revivificar la memoria. Modo de empleo: 30 gramos de eufrasia en medio litro de agua hirviendo y 2 cucharaditas de miel pura de abeja para endulzar. Se toma la cantidad de una copa de vino entre comidas.

EL AJO

También es de gran ayuda para lograr una memoria extraordinaria.

EL ROMERO

Es de gran servicio en afecciones de la cabeza y los nervios, también fortalece la vista y la memoria.

El romero es un antídoto para la fatiga mental y el ser olvidadizo; también es de gran ayuda para tratar dolores de cabeza e insomnio. Siempre se toma en dosis muy pequeñas y solamente una taza al día ya que el romero tomado en exceso puede ser fatal.

ATRIBUTOS TERAPÉUTICOS QUE CONTIENE LA HIERBA MATE

Rica en vitamina C y sales minerales. Es un estimulante para el intelecto, tonifica el cerebro y previene infecciones.

Nuestro tópico es la hierba mate, hierba de muchos atributos terapéuticos.

La hierba mate tiene un efecto tonificante sobre la mente y el cuerpo.

Las acciones terapéuticas de esta hierba son varias:

1) Es un estimulante para el intelecto y el cuerpo, que no impide el sueño.

2) Es un tónico para el cerebro, los nervios, la espina y ayuda a mejorar la memoria.

3) Ayuda a prevenir infecciones e indigestión.

4) Es un diurético y laxante.

5) Aumenta el poder respiratorio.

6) Es antiescorbútico y constructor del cuerpo.

7) Disminuye el hambre.

8) Nutre los tejidos de los intestinos.

9) Es un febrífugo.

La efectividad de la hierba mate se atribuye a sus componentes. Es rica en vitamina C y también en sales minerales naturales como: magnesio, calcio, hierro, sodio, potasio, fosfatos, silicio. También contiene un alcaloide conocido como matteina.

La vitamina C contenida en la hierba mate previene escorbuto y combate infecciones en general. Un síntoma de deficiencia de vitamina C en el sistema, son moretones, efectos de hasta los más mínimos golpes. Esta vitamina ayuda a prevenir sangrías en los tejidos y las encías, elimina la irritación y el agotamiento, también previene las grietas en las orillas de la boca.

La falta de vitamina C en el organismo y en la senilidad (incluyendo pérdida de memoria) son interconectadas.

Aparte de la abundante cantidad de vitamina C contenida en la hierba mate, también notamos la importancia del calcio en esta hierba. Este mineral es necesario para el buen estado de los músculos y nervios, también para regular el ritmo de las palpitaciones del corazón. Una deficiencia de calcio puede causar irritación, tensión, insomnio o calambres.

El sodio, otro ingrediente de la hierba mate, ayuda a mantener el calcio en solución. Una deficiencia de sodio, puede causar gases en el intestino o el estómago.

El potasio, otro mineral presente en la hierba mate, ayuda a los riñones a eliminar los productos nocivos del sistema. Trabaja con el sodio para nutrir el sistema muscular. Una deficiencia de potasio puede causar insomnio, nerviosismo, estreñimiento, gases, debilidad de los músculos, fatiga, pobre respiración y palpitaciones irregulares del corazón.

El hierro es esencial para la formación de sangre roja en el organismo.

El magnesio es el mineral necesario para el cerebro y es vital para el sistema entero. Este precioso elemento puede hacer la diferencia entre una mente perezosa, nublada (típicamente senil) y un cerebro rápido, despierto y bien coordinado como de la juventud.

El magnesio también ayuda a mantener la presión normal, acelera el proceso de alivio; ayuda a disolver y prevenir las piedras en los riñones y bajar el colesterol en el organismo.

El te de hierba mate se prepara como cualquier te ordinario: una cucharadita de hierba por taza.

Considerando todos los atributos de la hierba mate, nos damos cuenta que no hay que estar sin ella.

CÓMO COMBATIR LOS DOLORES DE CABEZA

Las razones por las cuales existen dolores de cabeza son muchas. Entre ellas la intoxicación del organismo debido a una acumulación de materia nociva en el sistema. Otras razones pueden atribuirse a tensiones, presiones, nervios, nutrición inadecuada, etc., emociones perjudiciales.

Si los dolores de cabeza se atribuyen a un sistema intoxicado lo cual es lo más probable, antes que nada se debe desintoxicar.

Los jugos desintoxicantes son:

1) Medio litro de jugo de espinaca.

2) Medio litro de la combinación zanahoria y espinaca: zanahoria 3/8 partes de 1/2, espinaca 3/8.

3) Medio litro de la combinación de zanahoria, betabel y pepino en las siguientes proporciones: zanahoria un poco más de medio litro, se completa el medio litro con los jugos de pepino y betabel en cantidades iguales.

4) La combinación de zanahoria, apio, perejil y espinaca (1/2 litro). Zanahoria la mitad de medio litro, perejil la octava parte de medio litro; apio, la cuarta parte de medio litro, espinaca, la octava parte de medio litro.

5) Zanahoria, lechuga y espinaca. Zanahoria, la mitad de medio litro, lechuga, un poco más de la cuarta parte de medio litro, espinaca, un poco menos de la cuarta parte de medio litro.

Existen también varias hierbas medicinales para aliviar el dolor de cabeza.

El lúpulo es casi infalible en la curación del dolor de cabeza.

La infusión de lúpulo se toma en dosis pequeñas (la mitad de una taza) cada 3 horas. Si el dolor es severo, se toma cada 2 horas.

La infusión de fúrfura o tusílago es de gran ayuda para aliviar el dolor de cabeza. También el ajenjo y la salvia.

Los siguientes compuestos de hierbas son excelentes para desintoxicar el organismo, purificar la sangre y calmar los nervios.

Todas las posibles causas de dolor de cabeza

1) Milegrama 20 gramos; nuez de kila 5 gramos; valeriana 20 gramos; lúpulo 15 gramos; manzanilla 20 gramos; menta 20 gramos.

Dosis: Mezcle bien los ingredientes. Se utiliza un cucharada sopera de hierbas para una taza de te. Tómese dos o tres veces al día.

2) Hojas de miliza, trébol de agua, guarana, primavera, raíz de Angélica, corteza de quina.

Se mezclan en partes iguales. Una cucharada sopera de la mezcla para cada taza de infusión. Tres tazas al día.

Muchas veces las compresas hechas a base de hierbas también ayudan en los casos de dolores de cabeza.

La compresa de hierba santa ha sido de gran beneficio para aliviar los dolores de cabeza.

TISANAS HIERBERAS PARA COMBATIR EL NERVIOSISMO

El sistema nervioso es muy sensible y complicado ya que constituye el enlace entre la parte orgánica y la parte psíquica del ser humano. Además de ésto, el sistema nervioso es el que ordena y dirige la función de todos los órganos del cuerpo.

Las dolencias del sistema nervioso son numerosas y variadas, causadas por razones físicas o mentales y/o emocionales o una combinación de ambas.

Para tratar enfermedades de tipo nervioso existen muchas hierbas medicinales especialmente destinadas para este fin.

También existen medicamentos químicos para calmar los nervios y tratar las enfermedades del sistema nervioso, pero éstos pueden resultar intoxicantes, perjudiciales y en general, peligrosos para el organismo, por eso nosotros preferimos los remedios que nos proporciona la naturaleza, efectivos y totalmente carentes de elementos perjudiciales.

EL HISTERISMO

Se manifiesta desde casi imperceptible irritabilidad nerviosa, hasta síntomas graves y acentuados. Para esto es recomendable seguir un tratamiento a base de tisanas hierberas. Éstas tienen un efecto calmante, desintoxicante y desirritante y por lo tanto favorecen el proceso curativo.

1. Trébol de agua, valeriana, espliego, flor de sauco. Los ingredientes se mezclan en partes iguales. Se usa una cucharada sopera de la mezcla para cada taza de infusión. Se toman dos tazas al día, una a media mañana y la otra en la noche.

2. Comino, menta, hojas de naranjo amargo, hojas de melisa, ortiga blanca, la preparación es como la anterior y también la dosis es igual.

3. Valeriana, ortiga blanca, hiedra terrestre, flor de sauco, trébol de agua. La preparación y la dosis son iguales a las dos anteriores.

Modo de empleo: La primera receta se toma durante diez días, luego se empieza a tomar la segunda receta por el periodo de diez días y después la tercera por el término de otros diez días. Después de los 30 días de tomar las 3 recetas, se descansa 10 días y se vuelve a repetir el tratamiento.

FÓRMULAS PARA EVITAR LA DEPRESIÓN NERVIOSA

Nuestro tema es la Debilidad Nerviosa. sus causas y un tratamiento adecuado para remediar esta enfermedad.

DEBILIDAD NERVIOSA

Puede ser causada por trastornos del sistema nervioso o por algunas enfermedades en general. Las causas principales de estas debilidades se deben a una alimentación antinatural y un sobre-esfuerzo del sistema nervioso.

La persona que padece de debilidad nerviosa siente cansancio ante el trabajo físico o mental, sufre de pérdida de memoria, tristeza, irritabilidad, etc. Desde luego, la debilidad nerviosa tiene distintas etapas de desarrollo desde lo más imperceptible, hasta un agotamiento nervioso completo.

Para remediar este malestar se recomiendan las siguientes tisanas:

Para la depresión nerviosa:

1. Mezclar en partes iguales, salvia, enebro, hisopo, cilantro, raíz de Angélica, menta, comino, anis. Se utiliza una cucharada sopera de la mezcla que anteriormente había sido preparada, en partes iguales para una taza de la infusión. Se toman de 2 a 3 tazas al día.

Para calmar los nervios:

1. La infusión de hojas de naranjo es excelente como calmante del sistema. Se utilizan 20 gramos de hierba para un litro de agua. Se debe beber en abundancia (varias veces al día).

2. Hojas de naranjo 10 gramos, flores de azahar 10 gramos, lirios de los valles 10 gramos, tila 20 gramos. Se usan las cantidades mencionadas para medio litro de agua. Se toman 3 tazas de esta tisana al día.

Para las enfermedades conectadas con el sistema nervioso es muy importante asegurar que está recibiendo la alimentación que le es vital de fuentes vivas orgánicas y naturales, se deben evitar los alimentos enlatados que tienen un efecto tóxico al sistema y no proporcionan ningún elemento nutritivo al organismo. Incluya verduras, frutas, proteínas, vegetales y evite cosas intoxicantes estimulantes y antinaturales.

Para complementar una dieta adecuada y nutrir el sistema nervioso, se recomiendan los siguientes jugos hechos con verduras frescas y crudas:

1. Medio litro de la combinación zanahoria y espinaca. La zanahoria constituye 5/8 partes de medio litro y la espinaca las 3/8 partes.

2. Medio litro de la combinación de zanahoria y apio. El jugo de zanahoria compone un poco más de la mitad de medio litro, el resto se completa con el jugo de apio.

3. Medio litro de la combinación de zanahoria, betabel y pepino. El jugo de zanahoria forma las 5/8 partes de medio litro, el resto se completa con el jugo de pepino y de betabel distribuidos en partes iguales.

4. Medio litro de jugos de zanahoria, apio, lechuga y perejil. Zanahoria 3/8 partes de medio litro, apio 1/4 parte de medio litro, lechuga 1/4 parte de medio litro, perejil 1/8 parte de medio litro.

Estos jugos se deben tomar todos los días entre comidas para alimentar el sistema nervioso y el organismo en general.

HIERBAS PARA CALMAR LA IRRITABILIDAD NERVIOSA

La irritabilidad nerviosa y los dolores nerviosos (neuralgias).

Para la nerviosidad e irritabilidad se recomienda una dieta de alimentos naturales, suficiente vitamina B (complejo de especialmente vitamina B_1), ejercicio y deportes, especialmente al aire libre: también yoga. La meditación es de gran ayuda para calmar los nervios y equilibrar el organismo. Se puede meditar de 15 a 30 minutos diarios. Se debe evitar toda clase de tensión y exceso de trabajo mental. Rodearse de cosas agradables, habitar en un lugar tranquilo, descansar el tiempo necesario y dormir bien.

También de gran ayuda, son las hierbas medicinales calmantes.

1. Corazoncillo, valeriana, tila, melisa. Se mezclan los ingredientes en partes iguales. Se usa una cucharada sopera para cada taza de infusión. Se toman dos tazas al día.

2. Hojas de naranjo 10 gramos, flor de azahar 10 gramos, corteza de naranjas amargas 10 gramos, lúpulo 5 gramos, raíces de lechuga 10 gramos, raíz de tormentilla 10 gramos, pétalos de rosas rojas 20 gramos, agracejo 10 gramos. Se utiliza una cucharada sopera de la mezcla para cada taza de infusión. Se toman 3 tazas al día.

Los dolores nerviosos (neuralgias) pueden ser resultado de una supersensibilidad nerviosa generalmente a causa de una inadecuada alimentación del sistema nervioso. Para remediar esta deficiencia orgánica del metabolismo se recomiendan los siguientes jugos de verduras:

1. Medio litro de la combinación de zanahoria y espinaca. El jugo consiste en que la zanahoria ocupa las 5/8 partes de medio litro y la espinaca las 3/8 partes.

2. Medio litro de la combinación zanahoria y apio, zanahoria, un poco más de la mitad de medio litro y el resto se completa con el jugo de apio.

3. Medio litro de la combinación zanahoria, apio; perejil. La zanahoria constituye más de la mitad de medio litro, el apio más de la cuarta parte y el resto con perejil.

Para calmar los dolores nerviosos se recomiendan las siguientes combinaciones de hierbas.

1. Verónica, paulinia, flor de sauco, hojas de melisa, flores de tila, amapolas. Se mezclan los ingredientes en partes iguales. Una cucharada sopera de la mezcla para cada taza de infusión. Se toman dos tazas al día.

2. Hojas de abedul, pensamiento silvestre, guarana, manzanilla, hojas de naranjo amargo, hojas de enebro. Se mezclan en partes iguales. Una cucharada sopera para cada taza de infusión. Dos tazas al día.

3. Milenrama 25 gramos; hojas de abedul 25 gramos; corazoncillo 20 gramos; pensamiento silvestre 10 gramos; flor de sauco 10 gramos; diente de león 20 gramos; menta 20 gramos. Una cucharada pequeña para cada taza de infusión. Dos tazas al día.

Las tres combinaciones de infusión pueden alternarse al gusto. También para remediar dolores nerviosos se recomiendan los baños locales de vapor.

(OJO, se debe asegurar que los dolores sean verdaderamente a causa de neuralgia y no debido a la artritis).

Siguiendo las recomendaciones dadas en los tres artículos dedicados a problemas nerviosos, según su conveniencia y necesidad, logrará sobreponerse a estas molestias sin necesidad de recurrir a drogas que pueden ser perjudiciales física y mentalmente.

LA VALERIANA, SU USO Y FORMA DE COMBATIR LAS TENSIONES NERVIOSAS

La naturaleza nos proporciona remedios contra las tensiones nerviosas, sin peligro de que éstas se vuelvan en hábito como en el caso de productos químicos.

Las siguientes hierbas se emplean como nervinos en la medicina botánica.

LA VALERIANA

La valeriana es una hierba nativa de Europa y Asia y fue usada tradicionalmente como remedio para aflicciones del sistema nervioso.

La parte empleada es la raíz. Su acción terapéutica se clasifica como nervino antiespasmódico, sedativo calmante, carminativo.

La dosis a tomar de una infusión hecha a base de la raíz de valeriana es de la cantidad de dos o tres copitas de vino al día.

LA AGRIPALMA (LEONURUS CARDIACA)

Los hierberos en la antigüedad aplicaban esta hierba para los desórdenes del útero y las membranas uterinas y también como remedio para la irritabilidad nerviosa y para la histeria.

Su nombre botánico "CARDIACA" implica la conexión de esta planta con el corazón. Resulta ser que esta planta se usa para controlar las palpitaciones cardiacas.

La agripalma contiene una enorme cantidad de calcio y esto explica íntima relación con el sistema nervioso y el corazón. Ambos necesitan de una cantidad abundante de calcio para funcionar debidamente.

Esta hierba se puede catalogar como nervino, antiespasmático y emenagogo, para preparar la infusión de agripalma se utiliza: 2/8 gramos de la hierba para medio litro de agua hirviendo.

Se toma en cantidad de una copa de vino 3 veces al día después de cada comida.

LA BETÓNICA

La Betónica se utiliza como nervino calmante, tónico astringente, alterativo. Esta hierba es benéfica en casos de irritación nerviosa que causa dolores de cabeza. También para personas que tienen dificultades en dormir o tienen pesadillas. La dosis: 28 gramos de la hierba para 1/2 litro de agua hirviendo tomando la cantidad de una copa de vino varias veces al día.

CÓMO COMBATIR EL INSOMNIO SIN TRANQUILIZANTES NI PASTILLAS

El insomnio puede ser causado por tensiones, nervios, problemas emocionales, preocupaciones y/o un exceso de acidez en el sistema. Para sobreponerse al insomnio es importante tratar de relajar y dejar de preocuparse, pensar en cosas agradables: hacer unos ejercicios respiratorios, dormir con la cabeza al norte y los pies al sur: y asegurar un régimen alimenticio sustancioso y adecuado. Algunos alimentos tienen un efecto tranquilizante sobre el organismo mientras otros tienen el efecto opuesto como el café y la sal. Muchos casos de insomnio han sido remediados limitando la cantidad de sal ingerida, así como el jamón, el tocino, galletas, ensaladas, etc. Se debe evitar todo elemento estimulante e incluir los alimentos que sirven para tranquilizar el sistema.

Ciertos alimentos contienen valiosos nutritivos para promover el sueño. Por ejemplo, el cuerpo requiere una cantidad de calcio para la construcción de los huesos, la fortaleza de los músculos y el control adecuado de los impulsos transmitidos por medio de los nervios. Una falta de calcio en la dieta causa irritación y nervios y por lo tanto puede causar el insomnio. Las mujeres en la menopausia necesitan una abundante cantidad de calcio para ayudarles en esta etapa difícil. El calcio también ayuda a eliminar el rechinar de los dientes en el sueño y los ronquidos (los ronquidos generalmente se deben a la débil tonalidad de los músculos). Se recomienda tomar 2 gramos de calcio diario para proporcionar una cantidad suficiente requerida por el organismo. Algunas fuentes importantes de calcio: la alfalfa, la ortiga y la agripalma son tres hierbas que contienen una abundante cantidad de calcio y se pueden hacer en te. Otras fuentes son las verduras de hojas verdes en su estado crudo,. frijoles de soya, semillas de girasol y ajonjolí, y almendras, leche. Noventa gramos de semillas de ajonjolí contienen 1,125 miligramos de calcio mientras un vaso de leche sólo contiene 300.

EL ÁCIDO PANTOTÉNICO

Es una vitamina antitensional y de gran ayuda para toda persona que tiene problemas de insomnio. Es una vitamina que pertenece al complejo B y su requerimiento orgánico es de 50 miligramos al día. Alimentos ricos en ácido pantoténico son: germen de trigo, levadura de cerveza, cereales integrales, semillas de girasol y ajonjolí, verduras verdes, hongos y champiñones, yemas de huevo, arroz integral, hígado de res. Todos estos alimentos se deben incluir en la dieta para lograr un balance del sistema nervioso y eliminar el insomnio.

Para quitar la acidez del sistema y tener un organismo más sano, se recomiendan los siguientes jugos.

1. Medio litro de la combinación de zanahoria y espinaca. La zanahoria constituye la 5/8 parte de medio litro y la espinaca 3/8.

2. Medio litro de la combinación zanahoria-apio. Las proporciones a usar son: zanahoria un poco más de la mitad de medio litro y apio un poco menos de la mitad de medio litro.

3. Medio litro de la combinación zanahoria, betabel y pepino. La zanahoria compone 5/8 partes de medio litro y el resto se completa con los jugos de betabel y pepino en proporciones iguales.

4. Medio litro de jugo de toronja natural sin endulzar.

Estos jugos se deben tomar todos los días. Se pueden tomar entre comidas o media hora inmediatamente antes de comer. No se deben tomar con las comidas ya que todo líquido ingerido interfiere en el proceso digestivo.

LA MELISA Y LA MANZANILLA PROMUEVEN EL SUEÑO TRANQUILO

Hierbas medicinales que le ayudarán a descansar, tonificar los nervios y evitar las noches de insomnio.

Mucho antes que se inventaran las pastillas para dormir, la gente usaba hierbas para combatir el insomnio. La ventaja de las hierbas es que su uso no se vuelve hábito como pasa con las sustancias químicas, tampoco perjudican a ninguna otra parte del cuerpo, mientras le ayudan a dormir. Los resultados pueden no notarse inmediatamente, pero deben percibirse después de 4-5 días. Como las causas que provocan el insomnio son diversas y variadas, los remedios también son distintos, una hierba puede ayudar a una persona y a otra no. Por eso es importante escoger una fórmula y probarla 4-5 días y lo mismo con las demás. De esta forma logrará encontrar la fórmula más apropiada para usted.

LA MELISA: Es un excelente tónico para los nervios. Se ponen 200 gramos de la hierba en medio litro de agua fría y se deja 12 horas. La infusión se cuela y se toma la cantidad de una pequeña copa de vino varias veces durante todo el día.

LA MANZANILLA: Relaja los nervios y ayuda a la digestión y promueve el sueño tranquilo. Se toma 2-3 tazas de te durante el día.

PLANTA ORQUÍDEA: Muchos hierberos consideran esta planta como uno de los más suaves y efectivos nervinos del reino vegetal. Muchos lo recomiendan para la irritabilidad nerviosa y el insomnio.

Dosis: Se toma la raíz de la planta orquídea y hace una infusión (28 gramos de la hierba en medio litro de agua hirviendo). Se toma de media a una taza cada 1-2 horas según los síntomas. Otra variación más fuerte de preparar el te es la siguiente: Se toman 97 gramos de la raíz y se pone en casi medio litro de agua fría destilada. Se deja 2 horas. Después que haya pasado este tiempo se cocina hasta que suelte un hervor y luego se cocina a fuego lento 15 minutos. Se cuela la hierba y el líquido se vuelve a hervir a fuego lento hasta que se queda la mitad. Este líquido se refrigera, ya que se echa a perder después de 2-3 días. Entonces se prepara la fórmula de nuevo. Para la nerviosidad se toma una cucharada sopera disuelta en agua tibia, del tamaño de una copa de vino. Se toma 3-4 veces en el transcurso del día y otra vez antes de acostarse para promover el sueño.

OTROS REMEDIOS PARA COMBATIR EL INSOMNIO

Como las causas por el insomnio son variadas, los remedios son distintos para cada persona y por lo tanto entre todos los remedios debe buscarse el más adecuado para usted.

LAS FLORES DE LIMA

La fragancia de las flores de lima da una sensación de relajamiento y bienestar. Las flores de lima se usan en forma de infusión, una cucharadita por taza de agua hirviendo. Se cubre y se deja 15 minutos. Se le puede añadir una cucharadita de miel y se toma tibio antes de acostarse.

LA PASIONARIA

Esta bella trepadora se considera como planta mística tradicionalmente conectada con la crucificación. Sube a grandes alturas y tiene flores blancas y moradas.

La Pasionaria se ha considerado como sedativo herbal, nervino y antiespasmódico desde tiempos antiguos y todavía hoy se usa con los mismos fines. En general esta hierba tiene un efecto calmante sobre la inquietud nerviosa

Cuando se padece de insomnio se aconseja hacer una infusión con las siguientes hierbas: 28 gramos de pasionaria, lúpulo y valeriana en medio litro de agua hirviendo. Se deja unas horas (no sobre el fuego). Se cuela y se toma la cantidad de una copa de vino media hora antes de dormir.

TE DE TRÉBOL Y DIENTE DE LEÓN

Este te tomado todas las noches tiene un efecto ligeramente sedante y es de gran ayuda en caso de insomnio. Dosis: una cucharada sopera de trébol rojo y otra cucharada sopera de hojas de diente de león en una taza de agua hirviéndolo 5 minutos. Se cuela y se toma.

TE TRANQUILIZANTE

Mezcle juntos una cucharadita pequeña de pasionaria, valeriana, valeriana verbena, manzanilla y muérdago en dos tazas de agua tibia (la cual anteriormente ha sido hervida). Dejar 5-10 minutos, cuele y tome. Se puede añadir limón y miel si usted desea.

OTROS POSIBLES REMEDIOS EN CONTRA DEL INSOMNIO

1. Un vaso de leche tibia con dos cucharaditas de miel tomado antes de acostarse ayuda a dormir a muchas personas.

2. Media cucharadita pequeña de mejorana en un vaso de leche caliente tomado a la hora de acostarse también ha probado ser efectivo para muchas personas.

3. Un te de lechuga. Se toma 3-4 hojas de la parte exterior de la lechuga. Se cocina a fuego lento en 1/4 de litro de agua unos 20 minutos. Se cuela y se toma caliente antes de acostarse. Una variación de esta receta. Se hace una infusión con hojas de lechuga, flores de tila y flores de azahar. Este es benéfico para calmar los nervios, descansar y promover su sueño rápido.

HIERBAS PARA BAÑOS DE TINA QUE PROMUEVEN EL SUEÑO

Las siguientes hierbas tienen las benéficas cualidades de nervinos, sedantes y calmantes. Son de gran ayuda para tranquilizar los nervios y provocar el sueño. Un baño a base de estas hierbas es excelente porque logra penetrar todo el cuerpo por medio de los poros y de esta manera consigue relajar y tranquilizar un sistema tal vez sobrecargado de tensiones.

Las hierbas que se pueden emplear para un baño de tina para descansar, son:

La valeriana	Calamento o nebeda
Pinocha	Flores de lima
Lúpulo	Ulmaria o reina de los prados
Melisa	Hojas de abedul
Manzanilla	Artemisa
Romero	Lingüístico
Pasionaria	Clavelón
Espliego	

Para preparar su baño de hierbas se utilizan 112 gramos de cualquiera de los botánicos (se puede usar 2-3 distintos a la vez) mencionados para 4 litros de agua hirviendo. Se cubre y se cocina a fuego lento 15 minutos. Se cuela y se añade el agua de hierbas al agua de tina.

El baño tiene el único fin de descansar, relajar y de ayudar a dormir y debe tomarse inmediatamente antes de acostarse. Se debe recostar en el baño de hierbas de 20 minutos a media hora. No se vaya a lavar con jabón después ni tomar un regaderazo,. ya que esto cancelaría los efectos positivos del agua de hierbas. La temperatura debe ser tibia, no caliente, porque cualquier baño de tina con agua caliente (con o sin hierbas) causa el agrandamiento de las venas y esto a la vez da una sensación de pesadez en la cabeza y la persona que se está bañando termina sintiéndose fatigada o débil.

Mientras se baña en esta agua es aconsejable estar masajeando los músculos cansados para lograr mayor descanso.

Se recomienda también los siguientes baños de hierbas para relajar y calmar los nervios.

1. Se mezclan juntos un manojo de cada uno de los siguientes ingredientes: manzanilla, tila, espliego, lúpulo, valeriana y raíz de bardana. Añada a su baño de tina para relajar el cuerpo la tensión nerviosa. Permanezca en la tina por lo menos media hora.

2. Una receta para personas muy nerviosas: Mezcle juntos en cantidades iguales, valeriana, tila, pasionaria, lúpulo, cáñamo y milenrama. Hierva todos los ingredientes a fuego lento 10 minutos en un litro de agua. Tome media taza del líquido con miel de abeja y limón y vacíe el resto en la tina. Báñese media hora en esta agua.

3. Hierva juntos te de tila, azahar y lechuga unos 15-20 minutos. Vacíe el agua colada en la tina. Para hombres se puede añadir un poco de vinagre y sal de cocina que proporcionará mayor descanso; esto ultimo no se aconseja para mujeres porque adelgaza el busto.

Después de tomar cualquiera de los baños mencionados se recomienda tomar una taza de te tranquilizante. Esto proporcionará mayor descanso y más ganas de dormir.

ALMOHADA DE LÚPULO

Esta almohadilla hecha a base de lúpulo es maravillosa para personas tensas y nerviosas que padecen de insomnio. El lúpulo contiene varios elementos que tienen un efecto sedativo y ayuda a dormir.

Para preparar su almohada de lúpulo: use una bolsa pequeña de muselina. Llénela sueltamente con lúpulo seco y póngalo junto a su almohada normal. El lúpulo se debe cambiar cada mes. Hay personas que rocían el lúpulo con un cono de alcohol según ellos para que el efecto de lúpulo sea más intenso.

Siguiendo los consejos de los cuatro artículos sobre el insomnio logrará sobreponerse a este mal, más calmada sin preocuparse que la utilización de las hierbas se vuelva en un hábito peligroso ni perjudicial para su salud en general, como en los casos donde se aplican pastillas para dormir y tranquilizantes que resultan dañinas en todos los sentidos a la larga.

AGUA, HIERBAS Y UNA TINA, BUENA RECETA PARA EL DESCANSO MUSCULAR

Hierbas benéficas para hacer que sus baños en tina sean más agradables y provechosos. Una receta para piel grasosa:

Mezcle juntas 1/4 de taza de cada uno de los siguientes ingredientes: romero, manzanilla, corteza de sauce blanco, hojas de geranio, verbena y cáscara de limón. Esto es suficiente para darse dos baños.

UNA RECETA PARA DOLORES MUSCULARES DEL CUERPO. TAMBIÉN UNA PARA PIEL GRASOSA.

Mezcle juntos 1/4 de taza de cada uno de los siguientes ingredientes: hojas de fresa, menta, hojas de naranjo, manzanilla, polea, aspérula. romero, patchuli, hierba de pasionaria o granadilla. Añada 1/2 taza de hojas de geranio y 1 cucharadita de aceite de geranio rosa. Suficiente para 3-4 baños.

PARA PIEL GRASOSA Y PARA ARRUGAS PREMATURAS

Mezcle juntos los siguientes ingredientes, suficientes para 2-3 baños: 1/4 de taza de capullos de naranja, 1/4 de taza de capullos de rosa, 1/4 de taza de romero, 1/4 de taza de hojas de eucalipto, 1/4 de taza de tila, 1/4 de taza de espliego.

PARA LA COMEZÓN

Mezcle juntos una taza de espliego, 1/2 taza de cáscara de naranja amarga y 1/4 de taza de los siguientes ingredientes: tomillo, hoja de frambuesa, hoja de rosa silvestre, corteza de sauce blanco, menta, romero, salvia, aspérula. borraja. Añada unos cuantos clavos de especia, o cálamo aromático, un poco de limón y media cucharadita de aceite de almendras dulces. Suficiente para 4-5 baños.

PARA DESCANSAR

1) Hierva juntos te de tila, azahar y lechuga. Cuando esté listo vacíe en el agua de la tina. Para hombres se puede añadir vinagre y sal de cocina que proporcionará descanso; esto último no se recomienda para mujeres ya que adelgaza el busto.

2) Mezcle juntos un manojo de cada uno de los siguientes ingredientes: manzanilla, tila, espliego, lúpulo, valeriana y raíz de bardana. Añada esto a su baño de tina para relajar el cuerpo y la tensión nerviosa. Permanezca en la tina por lo menos 30 minutos.

3) Para personas muy nerviosas. Mezcle lúpulo, tila, valeriana, pasionaria, cáñamo y milenrama. Hierva a fuego lento 10 minutos todos los ingredientes en un litro de agua. Tome 1/2 taza del líquido con un poco de limón y miel pura de abeja y vacíe el resto en su tina. Báñese por lo menos 30 minutos en esta agua.

HIERBAS PARA HIDRATACIÓN

Esta mezcla es excelente usada para darse un baño de vapor o mezclado con la mitad de alcohol y la mitad de la mezcla y usado como astringente. Frotando la piel vigorosamente con una toalla mojada con las hierbas es muy buen humedecedor de la piel.

Ingredientes: Un manojo de flores de naranjo, un manojo de capullos de naranjo, un manojo de hojas de naranjo, un manojo de cáscaras de naranja, un manojo de hojas de rosal, un manojo de capullos de rosas, un manojo de pétalos de rosas, un manojo de manzanilla, un manojo de corteza de sauce blanco.

UN BAÑO AROMÁTICO

Ingredientes: 1 taza de flores de naranjo, 1/4 de taza de hojas de limón, 1/4 de taza de cáscara de limón, 1/4 de taza de romero, 1/4 de taza de cálamo aromático, 1/4 de taza de cáscara de naranja, 1/4 de taza de sándalo. Mezcle juntos, suficiente para 3-4 baños.

BAÑO PARA PIEL SECA

Mezcle bien 1/4 de taza de los siguientes ingredientes: flores de acacia, meliloto, sauco o yezgo, trébol, capullos de naranjo o sus flores, 1/2 cucharada de miel de abeja. Use la mezcla entera y tome su baño de estas hierbas 20 minutos por lo menos.

Acostúmbrese a bañarse con hierbas para lograr una piel rejuvenecida y más bonita. A medida que va probando los distintos baños, se dará cuenta cuál le conviene más para su tipo de piel en particular.

FRUTAS Y VERDURAS EN ABUNDANCIA PARA MANTENER EL CUTIS FRESCO

Para problemas del cutis, debido a la piel grasosa, erupciones y cicatrices.

En un artículo anterior habíamos especificado la importancia de la purificación de la sangre en relación a un cutis sano y limpio.

Aparte de un organismo desintoxicado, es importante que la alimentación sea natural y balanceada. Debe consistir en verduras crudas y frescas y también algunas levemente cocidas. Frutas naturales en abundancia y los jugos de verduras y frutas.

El pescado y los mariscos, el hígado fresco y las semillas de girasol, el polvo de las proteínas.

Es importante asegurar la ingestión abundante de vitamina A, esta vitamina es de vital necesidad para promover el estado sano del cutis. Los alimentos ricos en esta vitamina son las verduras de hojas verdes, las zanahorias, calabaza amarilla, camotes, brócoli, apio verde, jitomate, chícharos y perejil. También el aceite de hígado de bacalao. Si se toma un suplemento vitamínico de vitamina A se debe limitar su dosis a 20,000 unidades diarias repartidas en tres partes y tomadas con cada comida.

El complejo B también es muy necesario para la buena condición de la piel y la salud en general. Las fuentes más ricas del complejo entero son levadura y el germen, debe tomarse todos los días. El hígado se puede tomar tres veces por semana, igual que el arroz integral. Otras fuentes ricas en algunas vitaminas del complejo B son los granos integrales (pan negro, etc.), avena, maíz, melaza negra, verduras de hojas verdes, nueces de todos tipos, el yogurt y otros productos de leche, huevos.

La vitamina C es benéfica para el cutis, el cabello y muchas otras cosas. La dosis a tomar es de 500 a 1,000 miligramos diarios. Alimentos ricos en vitamina C son: Naranja, toronja, limones, perejil, espinacas frescas, berros, chile morrón, jitomates, fresas, coliflor, melones, coles de bruselas y coles.

También es importante incluir la vitamina E en el régimen alimenticio. Se recomienda una dosis de 600 unidades diarias, tomando 200 unidades con cada comida. También se puede tomar el aceite de germen de trigo, fuente riquísima de vitamina E, una cucharadita tres veces al día. El aceite también se puede untar externamente para las cicatrices, pero en este caso donde existen problemas de piel grasosa y erupciones, no es muy aconsejable hacer esto hasta eliminar primero esta condición. Sin embargo, la vitamina E tomada internamente, ayuda a combatir las cicatrices trabajando desde adentro.

El polen de flores y la jalea real son alimentos excelentes que también deben ser incluidos en el régimen alimenticio.

Se debe evitar a toda costa la intoxicación del sistema. Esto se logra, aparte de una dieta natural, por medio de evitar productos sintéticos y químicos, productos enlatados, carne de puerco, refrescos, alimentos grasos y fritos (muy pesados para la digestión), productos de harina y azúcar blanca (Estos se pueden substituir por harina integral y miel vírgen de abeja), también eliminar el cigarro y el alcohol. Eliminando estos productos se evita la causa esencial de la intoxicación.

Usted muestra una cierta desconfianza a los dermatólogos, ciertamente infundada. Son especialistas que conocen bien su profesión y tal vez le podrían ayudar con su problema. Sin embargo, hay que tener en cuenta la vital importancia de la alimentación natural para mejorar su condición, aún viendo un dermatólogo.

HIERBAS MEDICINALES QUE AYUDAN A LOGRAR UNA PIEL JUVENIL Y SANA

Las hierbas tonifican los tejidos. Desaparecen las arrugas y reducen los poros abiertos.

Hoy en día existen muchos productos comerciales como cremas que prometen resolver todos los problemas cosméticos que existen. Sin embargo, contienen hormonas, antibióticos y otros irritantes que causan más daño que bien. Por eso muchos fabricantes de estos productos están preocupados por los efectos secundarios que causan los mismos y están buscando ingredientes mejores en la naturaleza.

Las hierbas pueden tonificar los tejidos, alisar las arrugas y suavizar hasta la piel más difícil; los poros abiertos se pueden reducir con la ayuda de las plantas. Existen hierbas que estimulan la circulación; otras limpian los poros y rejuvenecen la apariencia de su piel.

Cuando prepare los ingredientes que le daremos a conocer aquí, acuérdese de no usar trastes de aluminio —esto es muy importante—. Algunas recetas requieren el uso de una tela para aplicar las preparaciones; esa tela debe estar siempre limpia y será usada exclusivamente para sus tratamientos de belleza.

LIMPIADORES Y CONDICIONADORES DE LA PIEL

Limpiadores a base de papaya: Se machuca la papaya y se aplica una capa delgada en la cara. Luego se ponen toallas calientes en la cara para que los elementos benéficos de la papaya penetren en la piel. Una vez que la toalla empieza a enfriarse, se aplica otra nueva caliente. Esto se hace por la duración de 15 minutos. Si la capa de papaya se quita con la aplicación de las toallas, se vuelve a aplicar otra capa antes de usar la toalla caliente de nuevo.

El secreto de este tratamiento está en las enzimas que contiene la papaya, las cuales ayudan a disolver despojos de piel muerta que impiden que la piel nueva respire. El resultado de este tratamiento es un cutis radiante más juvenil. Este tratamiento se debe hacer una vez por semana.

LIMPIADORES DE LA PIEL A BASE DE ALMENDRAS

1). Las almendras se muelen hasta que se vuelve casi polvo. Se les añade la cantidad de agua necesaria para hacer la mezcla cremosa y luego se le aplica a la cara y el cuello. Se deja secar y después de 10-15 minutos, se quita con una fricción muy suave. Este método de limpiar la cara elimina los puntos negros, reduce los poros abiertos, y refresca la piel. Su uso diario ayuda a prevenir estas condiciones.

2). Una variación del método anterior, tiene la ventaja que es más rápido: se usa el polvo de almendras como si fuera jabón y se lava la cara y el cuello con ella.

AVENA LIMPIADORA DEL CUTIS

Mezcle avena cruda con yogurt, se aplica a la cara y el cuello. Se deja 15-30 minutos y se quita con agua. La piel se verá limpia y fresca.

También se puede usar esta mezcla para lavarse la cara con ella en vez de jabón, una vez al día. Se le puede añadir unas gotas de agua de limón si uno desea.

HIERBABUENA, FÓRMULA PARA MANTENER EL CUTIS IMPECABLE

El vapor de la hierbabuena y sus resultados.
El te de perejil y los puntos negros en la piel.

FACIAL AL VAPOR A LA HIERBABUENA

Para la piel normal o grasosa solamente:

Este tipo de facial es un limpiador profundo de la piel. El vapor abre los poros para permitir una limpieza completa y relaja las tensiones faciales. Con unos cuantos tratamientos su piel será otra.

Instrucciones: Ponga un manojo de hierbabuena en un traste hondo y un poco ancho y vacíe agua hirviendo sobre ellas. Arregle una toalla de tal manera que cubra su cabeza y cara junto con el traste para que no se escape el vapor de la infusión durante 10 minutos.

ÍNDICE

Otros títulos de la colección *Una vida mejor*

Otros títulos de la colección vida mejor

Serie SUPERACIÓN PERSONAL

- Cómo lograr lo que deseas
- Descubre al triunfador que hay en ti
- El erial. Perlas de sabiduría
- No te dejes vencer por los nervios y el estréss
- Perlas del pensamiento positivo
- Plenitud. Tesoro de superación personal
- ¿Problemas? cómo tomar buenas decisiones

Serie TEXTOS AUXILIARES

- Aprende inglés sin maestro
- Ayuda en las tareas de ciencias
- Ayuda en las tareas de español
- Inventos y descubrimientos
- No cometas más faltas de ortografía

Impresos Alba
Ferrocarril de Río Frío 374
Col. Agrícola Oriental
México, D.F.